道德經的奧祕

道德經的奧祕

道德經的奧祕

道德經的奧祕

道德經的奧祕

「物我兩忘、生死合一的上乘智慧」

台灣國寶級大師
曾仕強／著

編者序

物我兩忘，生死合一

西元前五百二十一年，孔子因為仰慕老子的學問，而率領著眾弟子前去向老子問禮。據說，年紀很大的老子，見到孔子時並不說話，只是張開自己的嘴，讓孔子看看他那殘缺的牙齒和完好的舌頭。眾弟子皆不解其意，但孔子已經領悟到，老子是想藉此說明「柔弱勝剛強」的道理。孔子感歎地告訴弟子：老子和他的思想，就像是乘雲駕霧，在天上飛行的龍一般，實在是讓人無法捉摸啊！

老子就是這樣一位高妙深遠，連孔子也為之折服的偉大思想家。雖然老子的一生，只留下一部短短五千字左右的《道德經》，但只要身為中華民族的一分子，任誰都能琅琅上口「道可道，非常道」、「既以為人己愈有、既以與人己愈多」、「天網恢恢，疏而不失」、「千里之行，始於足下」等等，出自於老子筆下的千古名言。

時光荏苒，二千五百多年過去了，老子的影響力絲毫不減。道家學說不僅被炎黃子孫奉為文化瑰寶，內化為一己做人處世的行為準則之外，甚至在第一次世界大戰後，風靡至西方世界，引發了各界學者和政治人物的熱烈探討，希望能借重道家天人合一、道法自然、致虛守靜、無為而治等思想精髓，做為拯救西方文明危機的一帖良方。

身為炎黃子孫，我們何其有幸，不必向外尋求，就能夠擁有一部其大無外、其小無內的《易經》，又同時承繼了主張積極進取的儒家思想，以及強調清靜無為的道家思想。儒家告訴我們「天行健，君子以自強不息」；道家教導我們「夫唯不爭，故天下莫能與之爭」——一剛一柔、一進一退、一乾一坤，構成了中國人「一陰一陽之謂道」的獨特思考邏輯，讓我們進可攻、退可守，善於自我調適，能經常保持在一種平衡、中庸的良好狀態下。

如果套用現代的話加以闡述，積極進取的儒家，採取的是「加法人生」的概念：人要努力求上進，要志於學，要站穩腳跟，抱定目標，勇往直前，開創出成功人生。而清靜無為的道家，所採取的方法則剛好相反，用的是「減法人生」的概念，要人去甚、去奢、去泰、絕聖、絕學、棄智、不爭……減去的東西愈多，生命的包袱就愈輕，愈容易找回原本那顆不惹塵埃的本心。

在成長過程中，我們經常是被鼓勵過著積極進取的「加法人生」。然而，在追求、爭取的過程中，清靜的本心，難免會被物質、欲望、情感所遮蔽，於是產生了很多不必要的煩惱和痛苦。小至人與人之間的爭奪、大至國與國之間的戰爭都是如此。此時，不妨讓生命轉個彎，切換儒家與道家的開關，體驗一下「減法人生」的日子，逐漸減去自己的欲望、名利、私心、執著、煩惱，從追求我要、我有，到感受我空、我無、我本來無一物。反璞歸真，天人相應。有朝一日，或許就能領悟到老子那種：既沒有物也沒有我、既沒有生也沒有死，「物我兩忘、生死合一」的至高境界。

本書是曾教授所主講一系列同名節目的文字結晶。年近八十高齡的曾教授向來治學嚴謹，為還原經典本意，期間不辭辛勞，多次親自走訪老子故鄉鹿邑，考查史料、訪問耆老、親撰講義，並應邀於傳說中老子得道升仙的老君台前開設講壇，為台下數千名聽眾深入剖析《道德經》的奧祕。曾教授以其深厚國學、易學素養為根基，對《道德經》的解析，有如武林宗師演示太極拳般出神入化，行雲流水、揮灑自如。

而在老君台前講老子，此一空前創舉，不僅成為當代文化盛事，也成功帶動了新一波道學的研究與實踐熱潮。曾教授預言，《道德經》裡頭「天人合一」的思想，將是解救地球陷於毀滅危機的重要關鍵。因為道家最關心的，莫過於人與自然的和諧共生。有人說，21世紀是「科技的世紀」，有人說21世紀是「數位的世紀」，而曾教授則呼籲：「21世紀是環保的世紀」。老子曾提出「自賓」的概念，曾教授則進一步詮釋：人類是地球上的賓客。我們只有短短數十年的生命，來到地球上做客，就要懂得珍惜地球資源、愛護地球環境。

書中，曾教授也為我們揭示了「反者道之動、弱者道之用」、「知足不辱，知止不殆」、「弱之勝強，柔之勝剛」、「為無為，則無不治」、「人法地，地法天，天法道，道法自然」、「知人者智，自知者明；勝人者有力，自勝者強」、「塞其兌，閉其門，挫其銳，解其紛，和其光，同其塵」……等，許許多多能夠幫助現代人突破思考盲點，修練上乘生命智慧，使我們能夠立於不敗之地的重要生命法則。

身為中華民族的一分子，能繼承古聖先賢的文化結晶，遨遊於浩瀚無際的智慧長河上，眼界是何等宏觀。更幸運的是，你我正生逢其時，有國寶級大師曾仕強教授為我們解讀經典，讓我們免去管窺蠡測、瞎子摸象的危險，能夠正確、清楚、有效率地閱讀群經，和古聖先賢的智慧相連結。

老子曾說「死而不亡者壽」，意指肉身雖死，而其道長存。若能如此，便是雖死而猶生，萬壽而無疆。今日，老子的話已經實現了——即使老子所生存的年代，早已距離我們數千年之遠，但老子的思想及其精神，也就是他所想要傳達的「道」，至今依然存在，依然深刻地影響著後人，也影響著全世界。

老子是龍，而我們身為龍的傳人，理當效法老子，終其一生努力明道、行道，發揚出道的精神，把優良的道統一代代傳承下去。若是人人都能身體力行，必然就能為地球村帶來更大的幸福。

——曾仕強文化總編輯 **陳祈廷**

楔子

上士聞道

《道德經的奧祕》一書，終於在誠惶誠恐中完成了。我們不是老子，無法把老子的玄妙完全表達出來，只是站在易理的立場，運用《易經》的思維，透過數千年來古聖先賢和現代科學的寶貴經驗，以及使用有效的語言、文字，小心地揣摩老子的心意，用心地加以說明，尚祈各界先進多多賜教為幸。

左頁《上士聞道》的雕塑，是舍弟仕猷在其現代藝術系列創作中，有關老子與老虎互動的一幅作品。他早年畢業於臺灣師範大學藝術系，擅長油畫、素描和雕塑。後來赴法國巴黎，轉往美國紐約，長期修習西方藝術，居於不違家父母的教誨，始終不敢忘本。這些年來，著手運用現代藝術技巧，來表達中華古老故事。「上士聞道」語出《道德經》第四十一章：「上士聞道勤而行之，中士聞道若存若亡，下士聞道大笑之」，是老子針對聞道人士的不同反應所做出的描述。

仕猷用這隻老虎來一分為三，象徵聞道者的三種可能狀態：一是勤而行之，一為若存若亡，另一則為大笑之。雕塑中的老虎，固然壯碩雄猛，但經過老子的點化後，竟然連毛皮上的斑紋都消失了！可見，當然是「勤而行之」的上士。倘若不臥反立，甚至用大吼來表現大笑，恐怕老子再高明，也終將抵擋不住，難免老命休矣！

由此可知，老子當年講《道德經》，實在是萬分危險。因為當時大家都在說「實話」，而且各行其是，形成諸子百家的劇烈競爭。老子為了揭示《易經》的真諦，決心說出「真話」，所以講完之後，便出關莫知去向。老子的隱而不現，目的是冀望大家各自冷靜、各自反省。（**編註：關於「實話」與「真話」的說明，請參看內文第48頁第一段。**）

而現代的情況，當然不同於往昔。各行各業都已經明白，他人所言，不過是片面的道理，充其量只是各說各話而已，因此紛紛以「專家」自居，突顯自己具有「只知其一，不知其二」的特性。所以現代人在解讀《道德經》時，已經沒有當年那麼高度的危險性了。

但不論如何，說「真話」總比說「實話」要困難得多。所以，在此還是以老子「上士聞道」的雕塑，來象徵我們對先進朋友們的尊重與敬畏。但願「道」的真相，能夠在21世紀產生預期效果，促進人類和平發展，以期不辜負老子當年的一片苦心。一旦上士增加，中士自然知所精進，而下士的笑聲，也就顯得物以稀為貴，值得欣然置之了。

曾仕強

前言

河南鹿邑，老子故里

這是我第二次來到鹿邑，心中有很深的感觸，就好像回到故鄉一樣。這是為什麼呢？因為在我們炎黃子孫的文化基因裡面，有一大部分，而且是很重要的部分，是老子的思想。身為龍的傳人，來到老子故里，自然會想起很多跟老子有關的事物，我也不例外，所以覺得格外地溫暖和熟悉。

鹿邑位於河南省東部，黃淮大平原上的豫皖交界處，是一座有著數千年歷史的古邑。春秋時期稱為「苦」，歷代也曾名為「鳴鹿」、「真源」、「谷陽」、「仙源」。直到西元一二六五年，元朝至元二年時，才改稱為鹿邑，並沿用至今。中國歷史上著名的哲學家、思想家、道家學派的創始人——老子，即誕生於此地。

一九三八年五月，侵華日軍包圍了鹿邑縣的老君台。傳說中，這座老君台就是當年老子修道成仙之處。日軍看到這座建築物時，懷疑是重要軍事基地，於是便展開了猛烈的炮火攻擊。然而，所擊出的13枚炮彈，竟然無一爆炸，整座建築物巍然不動，讓日軍大為驚詫。

如果以科學的角度來看，只要進行很多精密實驗，就能判斷出落在老君台的13枚炮彈，為何無一爆炸的原因。然而，我們現在的科學還在發展當中，還沒有這個本事加以確認。所以我們只能說，它是一個事實，這個事實是真實存在的。這個「真」字很重要，表示它不是假的。但是不是真的就是老君爺發揮能量，保佑了這塊修道聖地的呢？到目前為止，我們也真的不知道，這就涉及「信」與「不信」的層次了。

如果你相信，那就是真的；如果你不相信，當然可以懷疑。其實老子完全不在乎這個，他只告訴我們眼見為「實」，而非眼見為「真」。我們看到照片上的炮彈確實在那裡，即使到了今日，也不一定能再複製出一模一樣的。科學是可以重複的，而這個東西是不能重複的，當然我們也不希望它重複。

據說，當年侵華日軍攻入鹿邑縣城後，直奔老君台，他們也想知道，這究竟是什麼地方，為什麼能在猛烈的炮火中巍然屹立。當得知這裡是老子的故鄉時，這群兇惡的侵略者，竟然統統在老君台下祭拜謝罪。

事實上，老子可說是世界級的名人，很多人都聽過老子，甚至很崇拜老子。所以諸如此類帶有神話色彩的傳說，其實在中國很多地方都曾出現過，到處都可以聽到。日軍得知此地是古代聖賢居住、修道的地方，幾乎都不敢輕舉妄動。即使聖賢已遠，但餘威猶存——老子其人雖然已不復存在，但他的精神不死、威勢長存，而且還會一直持續下去……。

在六十年後，當年曾炮擊老君台的一位侵華日本老兵，專程來到鹿邑，在老君台前虔誠下跪，深深懺悔，並在老君台下立碑，用四種文字刻上：「我們祝願世界人類的和平」。

事實上，軍國主義並不能代表日本。日本人常稱自己為「大和民族」，事實上，「大和民族」的概念，也是取經自中國。大部分的日本人，都是相當善良的，只可惜少數右翼分子提倡：「日本那麼小，一定要擴張，一定要向外侵略」的激進訴求，才會導致戰火漫延，使世界各國及日本本身，都受到嚴重的傷害。然而，凡是誠心誠意來到這裡，不管是膜拜還是謝罪，這些人其實才是真正體現「大和民族」精神的日本人。

在老子的故鄉，還有一個古老而神奇的傳說。某日，一位美麗的農家姑娘，到河邊洗衣服，遠遠看見河中漂來一顆碩大的李子。農家姑娘撿起李子吃下肚，就此懷孕生下老子。因為老子是母親食李子而生，所以老子姓李，名耳。

老子真的姓「李」嗎？在春秋戰國時代，也就是老子的那個時代，並沒有「李」這個姓，但是有「老」這個姓。再者，孔子姓孔，我們尊稱他為孔子；孟子姓孟，我們尊稱他為孟子；曾子姓曾，我們尊稱他為曾子。按此邏輯類推，老子當然姓「老」。

因為傳說中老子的母親食用李子，而懷孕生子，所以老子姓李。然而，如果事實上老子並不姓李，那麼在老子的故鄉，為什麼會流傳著這麼一則傳說？而這則傳說，究竟是要傳達出什麼樣的信息呢？

老子是母親食李而生的故事，傳達出一個非常重要的信息，這是全世界哲學家都在追求的，叫做「第一因」。什麼是「第一因」呢？就是「你從哪裡來？」有人說：「我從媽媽的肚子裡面來。」那麼，你媽媽從哪裡來？「從媽媽的媽媽的肚子裡面來……」這樣一直反覆上推，推到最早的那一個，就叫做「第一因」。

老子是講根源的，那根源是什麼？說是媽媽還不夠，還要再往上推。所以講到根源，不會只是說「爸爸跟媽媽生的」那麼簡單。但再往上追就麻煩了，我們要的是一個象徵意義，就是最初根源的象徵意義。

傳說中，老君台是當年老子得道成仙的地方。老子成仙升天之後，成為太上老君，所以這個地方便叫做「老君台」，也叫「升仙台」。老子和孔子，生活在同一個時代，孔子是儒家學派的代表，老子是道家學派的創始人。但是，為什麼中國人把孔子稱為「聖人」，而把老子尊為「神仙」呢？

這是因為讀孔子的書，你可以做「聖人」；讀老子的書，你會做「神人」。當年司馬懿曾稱讚諸葛亮說：「諸葛，真神人也。」這也是在中國的京劇裡面，諸葛亮之所以穿著道袍的原因。當然，沒有人稱呼道家為「神仙學派」。但是，道家修煉到最後，就可以變成「神仙」——就這一點而言，全世界唯有中華民族，才有這種獨樹一格、別開生面的思想。

炎黃子孫的祖先，死後幾乎都變成神。在此誠心勸告世人：只要你還活著，就不是神，不要把自己當神。可是當你羽化了、歸空了、往生了以後，用老子的話來講，就是「返璞歸真」以後，你就是神了！「神」是別人給予的尊稱，而不是自己封給自己的名號。

在老子故鄉，還有許多神奇的傳說。例如老子故居前，有一棵千年杵樹。重修故居時，有人覺得這棵樹礙事，主張把它砍掉。奇怪的是，砍樹的人竟然砍到了自己的腿。後來，工人調來拖拉機，想把它拉倒，結果司機突然肚子痛到無法上工。後來，這棵杵樹被保留下來。據當地的百姓說，這是一棵神奇的樹，每逢天下將有大事發生時，這棵杵樹就會從樹幹處，冒出縷縷紫煙。為什麼民間會有這麼多關於老子的神奇傳說呢？老子究竟是神還是人呢？

我們中國人認為，所有的神其實都是人變的，這是西方絕對無法認同的想法。因為西方是神來造人，中國是人去造神。人為什麼要造神？就是因為很難得有幾個人，是值得我們崇敬的典範，所以我們就把他給神化了。「神化」可說是行之於全世界的化妝術，目的是為了讓大家對所崇敬的主體，能有更深刻的印象與了解，所以多半都會摻雜一些傳奇的色彩。

所以，我覺得對於老子被神化的這件事，我們不必太過理性地加以批判。在聽了故事之後，感覺有趣之餘，就應該加強對老子本身的瞭解。這時候，希望大家能把焦點轉移到老子所撰寫的《道德經》上面，我想這會是讓老子比較開心的事情。

老子留給中華民族最寶貴的財富，就是被世人公認為玄而又玄的五千字真言《道德經》。老子的一生做過些什麼？他為什麼要撰寫這部《道德經》呢？

老子本身最喜歡的一個職業，就是相當於今天的「圖書館館長」。因為擔任圖書館館長，就可以讀到很多書。所以老子是博覽群書的學者，而且他本身的學問也很淵博，因此他才能夠明道。老子不用「悟」這個字，而用「明」。所以我們一路看過來，都是「明」字——老子突然之間明白這個道了！這跟我們今天所說的「明白道理」，其實還有一點不同。老子明道以後，內心感慨萬千。老子感慨什麼呢？這點對現代人非常重要。

在春秋時代，周朝形式上仍是存在的，大家對周王朝多少還保留一些尊重。但是到了戰國時期就不一樣了，那時諸侯稱霸，群雄並起，言論非常自由。有句話非常重要，那就是「言論一旦自由，社會就沒有公義。」所以老子非常擔心，再這樣下去「道術將為天下裂」（《莊子》．天下篇）。道一裂，人類就會因此而不幸，所以老子才會撰寫《道德經》，目的是為了拯救人類。

「道可道非常道」，幾千年來，老子的《道德經》流傳甚廣，不僅文人、百姓口耳相傳，就連歷代帝王也無比尊崇。老子故居太清宮，就有唐朝、宋朝等多位皇帝來此祭拜及立碑。唐玄宗李隆基所立的碑，至今已有一千四百多年歷史之久。

其實每一個朝代，都有它比較特殊的一些象徵意義。就道家而言，當然是跟黃帝相互連結。任何思想，都不是突然間一躍而起，而是一脈相傳的。從歷史中可明顯觀察到，治國的方法是一鬆一緊的。一個國家不能總是打仗，要讓老百姓休養生息，這時候，道家的思想就成為顯學。每當到了這種時局，為政者就會特意將道家思想奉為圭臬。

歷代帝王只要格局夠大，就必然會寓道家思想於治國之中，否則無法把國家治理好。所以儒家跟道家，兩者其實是互為表裡、無法分開的。因此歷代君王到此祭拜，既不是作假，也不是做表面功夫，而是心裡感覺確實有此需要。特別是史上唯一的女皇帝武則天，她對道家更是推崇備至。而且，她是真的悟道了。關於這方面，我們以後有時間可以再深入探討。

經歷了幾千年的歷史滄桑，老子的思想再次被世人所重視。現在，鹿邑人在老子故居前，立起了一尊數十公尺高的巨大雕像，以示他們心中的景仰與崇敬。

老子把道叫做「大」，為什麼呢？因為普天之下，再也沒有比「道」更大的了。老子本身是不想當聖人的，要不然他就不會寫下「絕聖棄智」（《道德經》第十九章）這四個字了。但是我們後代卻發自內心的，奉老子為「神人」、「聖人」。老子也不會去計較這些事情，因為他覺得一切都好。佛教講求「隨緣」，老子卻說一切「自然」。其實這兩個詞的意思蠻接近的。如果老子很勉強地托夢給你，說你一定要怎麼樣，那就「不自然」了！

我來到鹿邑，看到這裡每個人都開開心心的，家家都會供奉太君爺。「太君爺」這種稱呼是很親切的。在別的地方，我不太會去注意這些事情，可是來到鹿邑就不一樣了！在這裡，可以感受到老子及其思想，都自自然然地與我們同在，這是一件很好的事情。

鹿邑是老子的故鄉，當地人對老子有著特殊的情感，每年農曆二月十五老子誕辰的日子，鹿邑人都會以各種形式來祭奠老子。這些活動曾被視為迷信而遭到禁止，後來終於得以恢復。現在每年一到這天，鹿邑就會舉辦大型祭典活動以追思老子。

外國人一直批評中國人，說我們拜偶像，其實這只是他們不瞭解中國人而已。中國人絕對不拜偶像，我們只拜三種對象：第一個，天地。天地是偶像嗎？當然不是。第二個，聖賢。聖賢也不是偶像。第三個，自己的祖宗，這更不是偶像。所以我們現在祭拜老子，是屬於崇拜聖賢這一部分，尤其是在老子的故里。

以上三種對象，我們都是發自內心地祭拜的，這是一種感應，和拜偶像完全沒有關係，所以不能算是迷信。

老子所著的《道德經》，被公認為世界上最古老的哲學經典之一。然而，過去由於種種原因，老子與《道德經》都曾被遺棄、被誤解過。但是，在現代科技高度發展的今天，人們為什麼又開始重新注意老子與《道德經》了呢？

這個太重要了！因為從明朝開始，炎黃子孫就體認到科技是把雙刃劍，它給人類帶來方便，讓我們享受更舒適的生活，但同時也會對整個地球造成莫大的破壞，例如工業革命的污染，讓我們至今仍深受其害。然而，若是只有中華民族有此認知，因而暫緩科技發展的腳步，其成效是不大的。西方人不明道，照樣盲目地發展科技，反而讓我們變成弱勢了。

其實，我們如果瞭解老子的道理，就會知道「弱」是好事情，並不是壞事情。然而現實當前，我們難免自覺委屈，所以還是要發展科技。但如果依目前西方所主導的科技一路發展下去，對整體人類而言是很不幸的，而且遲早會造成毀滅性的危害。因此，科技發展到這個地步，最需要的就是借助老子之力，請他指引今後科技的發展方針，才能真正對全體人類有所助益。

很多科學家，特別是西方的科學家，都認同科技的鼻祖其實就是老子。有一位英國的科學家曾經明言：「中國的科技，其實就是源自於《道德經》。」所以我們今後要發展科技，一定要先把老子的《道德經》瞭解清楚，這樣一來，方向就不會有所偏差，所以當前已是人類非常重要的關鍵時刻。

位於鹿邑縣紫氣大道的
巨型老子雕像。

圖中的炮彈，就是當年日軍炮擊
老君台的未爆彈。

在老君台大殿東山牆和東偏殿的
牆上，至今仍清晰可見諸多彈坑。

卡在大殿東側古柏樹上的
一枚未爆彈。

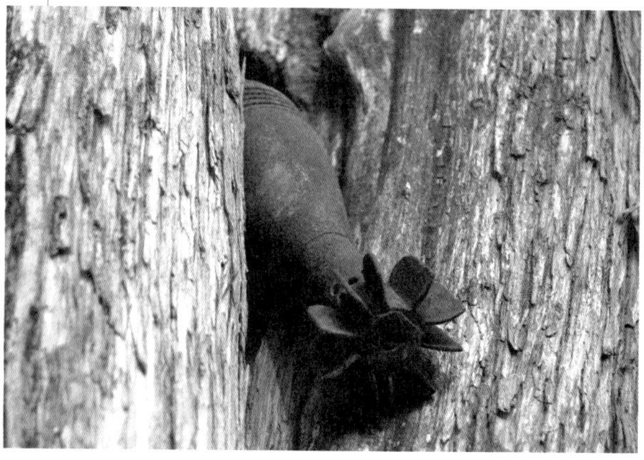

老君台始建於唐代天寶二年，
坐落於河南鹿邑，相傳是老子
當年修道成仙之處。

道德經的奧祕

目錄

道可道非常道
名可名非常名
無名天地
之始有名
萬物之母
故常無欲以
觀其妙常有
欲以觀其
徼此兩者
同出而異
名同謂之玄玄之
又玄眾妙之門

道德經的奧祕

第一章

《道德經》與人生

第一章

《道德經》與人生

河南鹿邑，是老子的故鄉。當地的老君台，則是傳說中老子得道成仙的地方。二〇一二年農曆七月十五日這一天，在河南鹿邑老子的故鄉，有上千人齊聚於老君台前，共赴一場歷史性的文化盛會，聆聽曾仕強教授深入剖析《道德經》的奧祕，及其對當代社會人群所帶來的啟示與影響。

中華民族有五千年的精深底蘊，賴以和其他民族區分的，並不是種族、風俗、語言、服飾、宗教，而是自己所獨有的特殊文化。所以，有中華文化，才有中華民族；有中華民族，才孕育出中華文化。中華民族、中華文化，兩者聽起來好像不同，但實際上，它們有著一個共同的源頭。這個源頭是什麼呢？那就是「伏羲氏的一畫開天」。伏羲一畫開天之後，宇宙的生發過程，即是我們所知的：太極生兩儀，兩儀生四象，四象生八卦，然後演變成六十四卦，最終演繹出許多宇宙人生的哲理。

為中華民族帶來重要思想啟發的老子，提出一個值得深思的問題：「一畫開天之前的情況是怎麼樣的呢？」如果說「一」是個開始，「一」產生了萬物，那麼這個「一」是從哪裡來的呢？一畫開天之後，進入到「後天」，那麼「先天」又是什麼樣子呢？

老子提出一個假設，認為「先天」就叫做「道」。老子說：「道生一」。「一」就是「道」生出來的。既然如此，那麼「道」又是什麼呢？

老子在《道德經》第六章中說：「谷神不死，是謂玄牝。」這是什麼意思？若是曾經造訪過河南鹿邑的人，一定會認同老子真是生對了地方。「谷神不死」，一共只有四個字，但卻可以分成「谷」、「神」、「不死」這三個部分。河南到處都是山，可是在鹿邑，卻是一座山都沒有。一整片平地，被包圍在群山之中，這種地形就是「谷」。而且，這塊谷地很深、很大、很廣，呼應了「道」的第一個特性：它是「虛」的，是「空」的。

現代人時常問及：「我們今後的發展之道是什麼？」當有人回答得比較空泛的時候，大家就會忍不住說：「不要跟我們講大道理，大道理太空虛了！」

事實上，老子告訴我們：唯有「虛」，才能發揮大功用；一旦「實」，就已經沒有什麼功用了。一隻杯子，如果裡面是空的，就可以用來盛裝任何東西；如果裡面已經裝了酒，它就裝不了醋，裝了醋就裝不了茶。凡是只有一種功用的東西，就是「器」。「器」不是「道」，因為「道」的特性是「空」，是「虛」。可是老子認為，「空」和「虛」，還比不上「無」。

「無」並非什麼都沒有，它不是零。用現在的話來說，「無」不代表任何東西，但它可以產生任何東西。所以，「道生萬物」的「道」，指的就是「無」。如果一旦變成「有」，它就是萬物的一部分了。而這就是「谷」字帶給我們的啟發和妙用。

「谷神不死」的第二個字是「神」。一旦來到鹿邑，就會感覺此地非常神奇——一大片四面環山的平原，如何產生了老子這樣偉大的人物呢？

兩千五百多年前，在這片廣袤美麗的土地上，誕生了中國著名的思想家、道家學派的創始人——老子。但是，兩千多年來，中國的讀書人幾乎都是尊孔子為師、以儒生自居。熟讀《論語》的人，比瞭解《道德經》的人多上數倍，那麼，老子的偉大之處在哪裡呢？

老子的偉大，表現在哪裡呢？我們可以做個比較——如果大家熟讀孔子的書，可以做到聖人境界；如果大家熟讀老子的書，可以達到神人境界。要注意的是：「神人」並不是「神通」。人，不能搞些神通的東西，否則就會變成神的奴隸、神的媒介、神的工具，那就失去做為人的價值了。所以，神人不搞「神通」，但是他會「通神」。老子就是通神的，否則他如何得知「什麼是道」呢？

在對日抗戰時期，日本軍隊以13枚炮彈猛烈攻擊，但這些炮彈竟無一爆炸，老君台仍是完好無損，這不是很奇怪嗎？然而，若是今日有人以炮彈相襲，它並不一定仍能完好無損，這才顯出神通所在。

神，不是一般人所想像的那個神。西方人的神是至高無上的，它可以主宰人的生命，但中國人並沒有這樣的概念。這一點，得益於老子的啟發，可以說，這是中華民族得自於老子的最大恩惠。老子說：「道」就是萬事萬物的總根源！現今全世界的人，都在尋找萬物的總根源，西方人稱之為「第一因」。什麼是「第一因」？比如說：你是從你母親的肚子裡生出來的，而你的母親是從她母親的肚子裡生出來的……追本溯源，那麼第一位生出孩子的母親，究竟是從哪裡來的呢？這就是「第一因」。

「道生一，一生二，二生三，三生萬物」（《道德經》第四十二章），若按照這個邏輯關係追溯，「第一因」就是「道生萬物」。那麼，道生萬物以後，會不會離開萬物呢？答案是不會。道會永遠跟隨你，一輩子不會離開你。所以，我們生而為人，不必刻意求道，因為道就在你身上，它是與生俱來的。道不會離棄你，同時也不會主宰你，這是中華文化和西方文化的最大不同所在。西方文化是「神造萬物」，神主宰一切；中華文化是「道生萬物」，長而不宰。

道，最了不起的地方就是任萬物自化，但這不是自由。老子的思想，對當代人類有很重要的參考價值，可惜長久以來，我們的理解方向出現偏差。人類怎麼可以有自由呢？同時，人類怎麼能夠沒有自由呢？這不是自相矛盾嗎？這到底是什麼意思？

其實，整個病症的癥結就在這裡，以下先做出簡要說明。現在，請大家思考一下，伏羲當年憑什麼一畫開天？當人類沒有語言，沒有文字的時候，究竟是怎麼做學問的呢？

伏羲做學問，憑藉三個字，叫做「天垂象」。雖然老天不言不語，但是它會垂象。中午還烈日當空，下午忽然傾盆大雨，夜間又寒風刺骨……為什麼一天的變化會這麼大呢？它在告訴你什麼？人類所有的學問，都是從天文學、氣象學逐漸發展開來的。我們的祖先只要夜觀天象，就可以瞭解到很多事情。所以我們可以推測，在「天垂象」的「象」之後，肯定還有些什麼東西。

比如，我們看一個人的相，看完之後，就會知道他內心在想些什麼。內在的實質比較重要，而外在的現象，便是通往內在實質的途徑。所以，我們在看到「外面的象」之後，就可以做到「心中有數」。用現代的話來說，就是一方面要注重現象，一方面要做好資料分析，否則你一定會上當。資料分析的結果，要和現象互相比對，看看兩者是否吻合。如果不吻合，其中一定有某種道理；如果吻合，肯定也另有一番道理。所以，我們的老祖宗就總結出一句話，叫做「一陰一陽之謂道」，這句話放諸四海皆準，無論是在什麼時候、什麼地方，只要有人類存在、有自然現象發生，就一定不會錯！

所以，老子撰寫《道德經》的時候，完全是根據《易經》的思路來走。「谷」就是「虛」。唯有虛，才有功用；只有空，才能容納所有的東西。老子慎重地選擇了「無」，來表達出這一層意思。同時強調：「無」很神奇，很神妙，能適時地造就出一切變化。

《道德經》第六章說：「谷神不死，是謂玄牝」。「谷」為虛，方能生出萬物。「神」為神妙，而不是神在主宰，因為炎黃子孫相信天人相應、天人合一。那麼「谷神不死」之中的「不死」，究竟是什麼意思？難道人真的可以長生不死嗎？

「谷神不死」的第三個特徵，即是強調它「不死」。人可以不死嗎？漢武帝功績顯赫，秦始皇威鎮四方，他們都曾妄求不死，結果卻不能得償所願。所以，「不死」並非指人的長生不老。如何才能「不死」？老子告訴我們，一個人的肉體雖有其極限，但精神卻可以長存。這一點，中國人和西方人的觀念又是不同的。西方人認為，你可以永生，但是你一定要信上帝，所謂「信我者得永生」。中國人卻不是這樣，中國人只要活在其他人的心中，就得到永生了。我們看到伏羲永生了、黃帝永生了、孔孟老莊也全都永生了……只要大家記得你、感念你，你就雖死猶生，你就永遠不會死。

老子生前所做的官，不過相當於一個國家圖書館的館長，但是幾千年過去了，人們仍然記得老子，仍然在學習《道德經》。而老子所說的這個「道」，究竟是指什麼？它又是從哪裡來的呢？

「道從哪裡來？」這句話是不能問的。為什麼？因為「道」已經是萬物的總根源，它就是最後的最後，也可以說是最先的最先。所以，我們接下來就要研究：道如何生出萬物？

老子已經告訴我們，一切都是由「道」所生。「道」是永恆的變化，是先天地而生，所以叫「先天」。在沒有天地以前就有「道」，是「道」把天地開闢出來的。所以我們中國人應該很清楚，伏羲就是盤古，有人可能會懷疑這點，但是大家想想看，難道非得先有一個人「一畫開天」，然後再有另外一個人「開天闢地」嗎？是否有這個必要呢？「開天闢地」就是「一畫開天」，「一畫開天」就是「開天闢地」，這就叫做「一陰一陽」。「道」看不見，摸不著，聽不到，但它就在我們身上，只要把它表現出來，就叫「德」。「德」，就是把心中已有的「道」表現出來。

「道」是陰的還是陽的？大家不妨先想想，究竟是陽的看得見，還是陰的看得見？如果陽代表現代物理學上「能」，那就是看不見的。比如物理學上說：「這是一個波的世界」，雖然「波」是看不見的，可是你一打電話，即使在美國也能聽得見，可見「波」是存在的。「能」、「波」看不見，但物質看得見，具體的器物看得見。所以大家一定要記住，當你看到看得見的東西時，馬上就要聯想到看不見的東西；當你發現看不見的東西時，馬上要去找那個看得見的東西，這兩者是同時存在的。

「看得見的」和「看不見的」，在儒家被稱為「陽」和「陰」，而老子則是用「有」和「無」來代表。所有的「有」，都是從「無」當中生出來的；所有的「有」，最後都還要復歸於「無」。

道生萬物，萬物最後又復歸於道，如此周而復始，循環不已，生生不息。可是，這種現象在民間，卻被轉化成叫做「輪迴」的奇特觀念。在中國傳統文化中，原本是沒有輪迴觀念的，這是民間庶眾自發的觀感。但即使如此，炎黃子孫也是極為聰明地取其精華，而棄其糟粕。

個人研究中國傳統文化四十餘年，在此可以向大家保證——我們老祖宗所講的話，沒有一句說錯。凡是有不通之處，是因為子孫理解錯誤，或是實行方法有誤。舉個例子說明。中國人常說：「人不為己，天誅地滅」。千古以來，這句話被無數自私自利者拿來當成擋箭牌，合理化自己的所作所為。正因為大部分的人，都把這句話理解成「人非自私不可，否則就連天地都不容」，所以在做人做事時，總是先想到自己，很少顧及他人。但事實上，這樣的解釋完全不合乎道理。

有人會問，既然不合乎道理，為什麼會流傳這麼久呢？原因就在於後人理解錯誤。「人不為己」的那個「為」字，是讀二聲ㄨㄟˊ（wéi），而不是讀四聲ㄨㄟˋ（wèi）。「為」的意思，就是「做出來」、「表現出來」——如果人不把自己的天性，也就是把做為人的「道」表現出來，那就天誅地滅了。一音之差，竟造成全盤理解錯誤。所以做為炎黃子孫，應該格外警惕，不可以把責任推給別人。孔子告誡我們：凡事應當反求諸己。人有人性，做為一個人，如果不能發揮人性，最後就會導致天誅地滅的後果。

再舉一例說明。我們常說「天下無不是的父母」，真有這回事嗎？當然沒有。可見這也是後人解釋錯了。「天下無不是的父母」，不能解釋成「父母都沒有錯」，而是「天下的父母都是人，只要是人，遲早會犯錯。哪個父母能不犯錯呢？但是做為子女，你不能講父母的不是」，這樣解釋才合情合理。

中國人的孩子，在外面打架，受了傷回來，做爸爸的一看，直接一個巴掌打過去。外國人會覺得中國家長太殘忍，不會教育小孩，其實我們這麼做才是大智慧。打他的意思是告訴他：「你打不贏別人，還要強出頭，為什麼不跑呢？」西方人不瞭解這個道理，他們總覺得孩子打輸了，就要安慰他。殊不知一安慰，他下次更亂打，輸得更厲害。老子是有智慧的，所以老子很感慨：「我講的道理淺顯易懂，但是大家卻聽不懂。我講的事情很容易實行，但是大家都不去做。」

「道」就是我們的本，後來我們把它通俗化，叫做「良心」。由此可知，諸子百家所講的道理，其實都是相通的，只是表達方式不一樣。這樣大家就能瞭解，為什麼老子開宗明義，在《道德經》第一章就直言：「道可道非常道」。

「道可道非常道」這句話，誰都會背，誰都會讀，但就是不解其意。「道可道非常道」的意思是說：諸子百家都很有學問，否則怎麼可能成為一家之言呢？但是，老子提出嚴正的警告：諸子百家都只能夠講出片面的道理，而無法講出全面的道理。「道可道非常道」，告訴我們道是整全的，是非常寬廣的，可是我們只有這麼一點時間，只有這麼一個嘴巴，所以你只能講出其中的一部分。這樣大家就能瞭解，為什麼中國人要攻擊別人非常容易，因為任何事情只要有正面，就一定有反面。當你講正面的時候，別人就從反面攻擊你；當你講反面的時候，別人就從正面攻擊你。

我們舉個非常現實的例子，假定老闆前來視察工作，詢問大家：「各位，你們認為現在情況怎麼樣？」請問誰敢回答？如果你說：「很好」，老闆馬上說：「這樣就算很好，那也太不長進了。」如果你說：「不好」，老闆就會說：「不好為什麼不改進，還坐在這裡幹什麼呢？」全世界都在講「溝通」，可是中國人的溝通難度最高，因為我們的腦筋非常靈活，一會兒一陰一陽，一會兒一陽一陰。

我今天要傳授一個非常關鍵性的原則，這也關係到我們一生的成敗，那就是：「老闆講的話永遠是對的，但是不一定要聽他的，這才叫做一陰一陽。」現在很多人主張「對的話就要聽」──這自然是對的；「不對的就不聽」──但問題是你怎麼知道對或不對？「名可名非常名」告訴我們：是非是變動的，善惡是變動的，上下也是變動的。當一切都在變動的時候，你怎麼可以有固定的標準呢？員工經常會覺得老闆講話不算數，早上這樣講，下午又改了。請問，他不改怎麼辦呢？外面的形勢在變，他能不變嗎？我們現代人最大的矛盾就在這裡。可是年輕人因為受到西方的影響，總覺得事情應該講清楚、說明白，怎麼可以含含糊糊呢？殊不知，一講清楚就錯了。

時是在變動的，有時候這樣，有時候那樣，不可能有固定的標準。「名可名」告訴我們：本來是一點名號都沒有的，你看，原始的人類一點名號都沒有，過得非常快樂，可是後來沒辦法，必須要有名號。但是有了名號以後，我們就把名號固定下來，就像為自己套上了一副枷鎖，讓自己一生都痛苦受累。老子告訴我們：道是動的。你把話講死了，就是不對的！它本來是活的，怎麼可以講死呢？

舉個例子，你去向人家借一千塊，他說：「我借你可以，但是我隨時要收回來。」你說：「你隨時要，我隨時還給你。」於是人家就放心地把錢借給你了。可是當他跟你要錢的時候，你卻說：「我現在沒錢，有錢的話一定還給你。」這不叫賴皮，而是隨情勢在變動——我有錢的時候一定不賴帳，我沒錢的時候也不希望賴帳，只是當下無可奈何罷了！這就是中國人。我們現在最大的問題，就是聽不懂中國話，這是非常麻煩的事情。因為連話都聽不懂，還怎麼溝通呢？

你看見上司朝你走過來，你一定會站起來。上司說：「請坐」，這時你敢不敢坐？敢不敢坐穩？如果你一坐下，他的臉色就變了：「我叫你坐你就坐，我都沒坐你就坐了，給我站起來。」如果你站著不坐，上司的臉色可能還是不好看：「我來的時候你都敢偷懶，還不趕快坐下好好工作。」道理是變動的，一陰一陽之謂道，這是外國人永遠搞不懂的事情，因為他們的腦筋轉不過來。

現在的年輕人，學了外國的那一套，當上司說：「倒杯茶」的時候，下屬就開始問：「誰去倒？」、「倒什麼茶？」、「倒給誰？」、「什麼時候倒？」、「倒多少？」……下屬還沒問完，上司就被氣死了。學外國人那套有什麼用呢？只不過是自我毀滅而已！現代教育的問題，就是思路搞錯了，這樣一代害一代，非常不值得。

老子告訴我們「道是如何生萬物的？」像這些，都是孔子不說的事情。孔子不說，不代表他不會，而是他們兩人有所分工。孔子是有教無類的，他是替大多數中等智慧的人解釋《易經》。老子說：「好，那我跟你分工。中等智慧的人讓給你來教，我不跟你爭。我專門替高等智慧的人解釋《易經》。」

所以《道德經》是很難懂的，稍微一不小心就理解錯了。後人經常望文生義，誤會老子。而老子已逝，無法再為自己做出辯解。舉「以德報怨」為例：「以德報怨」一詞，原出自老子《道德經》第六十三章的「報怨以德」，然而這樣的態度到底對不對？千古以來，一直為世人所爭論不休。

有人認為，在第二次世界大戰結束後，中國對日本就是採取「以德報怨」的態度。然而，日本政府非但不感激、不後悔，也不道歉，甚至還變本加厲了。如果要以德報怨，那麼，又該要用什麼來報德呢？

這樣做，豈不是是非不明嗎？豈不是鄉愿心態嗎？所以很多人批評老子是沒有是非的「鄉愿」。

「鄉愿」一詞，出自《論語．陽貨篇》的「鄉愿，德之賊也。」意思是說，有的人外表貌似忠厚老實，討人喜歡，但實際上卻是一個不能明辨是非的濫好人。孔子主張應該「以直報怨」，而老子卻在《道德經》中說「報怨以德」，難道老子真的提倡不辨是非嗎？

當然不是這樣。孔子說「以直報怨」，老子說「報怨以德」，兩者只是時間點上的不同而已。大家一定要瞭解，老子是主張「事前防範」的，為了不引起任何的怨恨，於是就預先透過施德的方式，把日後可能發生的怨恨都消弭掉。也就是說，老子的方法，只適用於怨恨產生之前。一旦怨恨產生之後，就不能再以德報怨了。所以，我們一定要把聖賢的話理解得清清楚楚，才能得道。詮釋經典時，務必要小心謹慎地對待每一個字，否則便可能失之毫釐，差以千里。

老子說：「天地不仁，以萬物為芻狗；聖人不仁，以百姓為芻狗。」（《道德經》第五章）這是一段非常精彩的天人對話。天底下只有中國人跟「天」的關係最親密，只有我們經常把「天」稱為「天老爺」，這就好像鹿邑的鄉親跟老子關係特別親密，所以稱老子為「老君爺」一樣。天老爺不說話，但不說話其實是最高明的，說話的人都是吃虧的，永遠倒楣。大家可以看看自己的面相，有眉毛，有眼睛，有鼻子，有嘴巴，哪個位置最低？答案是嘴巴。

眉毛高高在上，什麼事都不用做；嘴巴最拼命，整天講不停，位置卻最低。從這一點，就可以領悟出什麼叫做「道」。

職位愈低的人，不得已要動嘴巴，因為你不說，老闆就很生氣：「你為何不說話，你不會說話嗎？」

可是你一說話他更生氣：「你說什麼，輪到你說了嗎？」這就是中國人。我們同時講正、反兩面話「你不說我怎麼知道？」、「你不說我也知道。」這兩面話隨人說，怎麼說都對，就看是誰說。中國人早就已經習慣這樣的思維，但外國人卻是怎麼都聽不懂這樣的話。

職位愈低愈沒有辦法，所以只好動嘴巴。職位漸漸高升後，就變成動鼻子，然後變成動耳朵、動眼睛。老實講，一個人有機會變成老闆的耳目，就已經不得了了！哪一種人是老闆的耳目呢？就是一下班他不回家，而是往老闆的辦公室走，一邊喝茶一邊打小報告。耳目，大多都是親信，一般人是根本做不到的。其實我是在用老子的話講，而且講的是很正經的話，大家千萬不要認為我在開玩笑，這就叫做「正言若反」（《道德經》第七十八章）。

我們這次讀經典，如果還像以前那樣只讀皮毛，就是徒勞無功的，所以一定要正本清源，從頭學起。首先，要破除二分法的思維。《道德經》第四十二章說：「道生一，一生二，二生三，三生萬物。」為什麼「二生三」？外國人聽到「二生三」的時候都問我：「你們算術怎麼那麼差？」其實是他們不明白道理而已。炎黃子孫是全世界唯一會把兩個東西看成三個的民族，西方人再怎麼看都是兩個。凡是西方人看出兩個的，我們都能看出三個來。

中國傳統的思維方式是三分法，而現代人的思維方式，大多是二分法。強調真假分明，凡事不是對的，就是錯的。難道在對與錯、真與假之間，還有第三種選擇性存在嗎？三分法的思維方式，能幫助我們解決現實社會中的實際問題嗎？

唐代道家思想盛行，唐玄宗甚至欽定《道德經》為「真經」。然而，若是按照二分法的思維，那麼，

《道德經》既是「真經」，難道其他的經都是假的嗎？道家把得道之人叫做「真人」，那其他人都是假人嗎？可見「真」跟「假」並不是對立的。我們經常說「不是真的就是假的」，「不是假的就是真的」，這是不切實際、非常可怕的想法。西方有勞方、有資方，所以經常有勞資對立、勞資對抗、勞資糾紛等問題。而中國人在勞方跟資方當中，多了一個介方，就沒有這麼多問題了。所以當老闆的，盡量不要跟基層的員工來往，否則養成基層員工有事就來找你的習慣，那你就麻煩了。為什麼不利用仲介呢？仲介多好用，把二變成三，整個思路就活起來了。

所以，當人們把這些觀念端正過來以後，就會輕鬆愉快多了，就不會出現那麼多無謂的紛爭，搞得亂七八糟，最後不僅浪費了時間，還徒勞無功。老子當時就看出了這個問題，所以他說做人要「嗇」。「嗇」是什麼意思？就是節省你的精力，節省你寶貴的時間，把它們用在明道、行道上面。

老子真正的用意，是要提醒我們：身為一個人、一個有道之士，就不應該像禽獸一樣。每個人都有責任，讓自己跟禽獸拉開距離。人的第一個責任，就是跟禽獸拉開距離。但是現代人非常糟糕，往往是包裝得愈時尚的人，行為表現愈像禽獸，這是非常悲哀的事情。「禽」我們很尊重它，「獸」我們也很尊重它，但是「禽獸」兩個字合在一起時，那就不好聽了。

西方有一門學問叫做人類學，人類學家證明了人是動物的一種，告訴我們不要搞人類沙文主義，不要把人類打扮得太莊嚴、太神聖，因為說到底，人就只是動物而已。不過，那是西方人的思維，中華文化不是這樣的。孟子的「人禽之辨」，剖析得何等清楚，人與禽獸的差異非常少，少到就只有三個字而已，而這三個字，會對我們的人生產生莫大影響。

第一個字是「上」。炎黃子孫沒有人不是從小就努力求上進的，全世界找不到像我們一樣，不管到哪裡都是求上進的。請問中國人為什麼那麼命苦，一定要求上進？就是中國人太勢利。今天你是總經理，有權有勢，誰看見你都恭恭敬敬的。哪一天你離開了，沒權沒勢，大家只做一件事，就是看見你也裝作沒看見，從「總經理」變成「總不理」，就差一個字而已。很多人說勢利不好，但勢利有什麼不好呢？凡事有得必有失，有利必有弊。

千萬記住，「道」永遠有兩面性。當人家對你笑的時候，你不要開心，說不定當中有什麼問題；當人家不對你笑的時候，你更要提高警覺，這當中一定有什麼問題。有人說，這樣做人不是很累嗎？不會累。因為腦筋愈動愈靈活，怎麼會累呢？

其實，只要我們牢牢記住，凡事都有兩面性，有一利必有一弊，同樣有一弊必有一利。所以，遇到「好事」別得意，遇到「壞事」莫沮喪。如果能夠跳脫二分法的思維窠臼，很多問題或許就能迎刃而解。而會對人生產生莫大影響力的三個字，除了「上」字之外，還有另外哪兩個字呢？

「上」字，經常要加一豎，叫做「止」，適可而止。在求上進的過程中，任何事情都要懂得適可而止。這個「止」非常重要，因為「止」不住衝過頭，那就完了！「止」中有「上」，「上」中有「止」，總結就是一個「正」字。這個「正」就叫做「道」。我們說一個人「很上道」，就是從「上」到「道」。但是過程中，經常會出差錯，有可能走上偏道，所以要及時調整，不斷地把自己拉回正道，整個努力的過程，就是人生的寫照。

為什麼人不能有差錯？按照西方人的說法，既然人是上帝造的，那麼，上帝把人造得十全十美就好了，何必讓人去奮鬥呢？這不是存心開玩笑嗎？其實，這是很好的問題。觀世音菩薩法力無邊，只要隨手一甩，所有人都到極樂世界去了。可是菩薩就是不甩，所以有句話叫做「不甩你」。菩薩不甩你，就是要你自己去努力。

所以，每個人都要記住，我們都要服從一個規律，沒有人例外，叫做「自作自受」。每一個人，都要替自己的行為負完全的責任，負百分之百的責任，推給別人沒有用，你也推不掉，誰都不會替你扛。沒有人害得了你，也沒有人救得了你，打擊你沒有用，賞識你也無濟於事，一切就是自作自受，這是我們必須瞭解的人生規律。

千萬記住，不要相信什麼自由、平等、人權，那都是「名可名非常名」（《道德經》第一章），不要上當。要知道，我們只是地球上的客人，所以老子講的「自賓」，就是人要以「賓客」自居，我們只有短短數十年生命，來到地球上做客，就要愛惜地球上的資源，愛護地球上的環境。

人是地球的過客，遲早有一天，要回到「道」上面去，至於會不會再來，不知道。大家可以思考一下：下輩子你打算做人，還是不做人呢？做人辛苦，還是不做人辛苦呢？人從哪裡來？活著做什麼？死後到哪裡去？有沒有來生？人生在世，遲早都必須思考這類問題，因為這是每個人的切身大事，叫做「人生論」。

人從哪裡來？死後到哪裡去？人為什麼要活著？這是始終困擾著我們每一個人的問題。老子能解答這哲學上的三個終極問題嗎？還有，我們都希望擁有完美的人生，但為什麼常常事與願違呢？

人有沒有靈魂呢？我碰到很多人，不承認有靈魂，我沒說他們對或者錯。為什麼有「海納百川」這句話？就是做為一個老子的信徒，你一定要心胸很寬廣。我經常說：「你對，不代表別人錯；別人對，不代表你錯。」先把「對」或「錯」的兩分法捨棄掉，你就會豁然開朗，擁有寬廣的心胸，然後怎麼講都可以。

很多人跟我說，他不相信有靈魂。我說很好，我尊重你，但是請你把這句話，換成另一種說法——「我是一個沒有靈魂的人」，這樣，他就不說話了。大家願意講這句話嗎？物質，你打它，它不會痛，可是你去打自己的手就會痛。物質是不會痛的，而是你的靈魂在痛。其實老子當年不方便說，因為還沒有這個名詞，實際上卻有這樣的含義：道，就是人的靈魂。

靈魂來投胎的時候，父母是你自己選的，所以你一定要孝敬父母，道理就在這裡。讀了《道德經》之後，你就會知道人為什麼要講倫理、講道德，這是老子對人類最大的貢獻。

我們投胎的時候，是帶著一生的計畫前來的，今日的DNA生命科學，可說已經證實了這件事情。你要當男生還是女生，這個可以自己決定。一旦你進入到媽媽的子宮裡時，就要就地取材，根據自己的需求，以及先天的計畫，採爸爸的精、媽媽的血，也就是我們常講的「父精母血」來安排自己。可是，在性別的選擇上，你會發現很大的問題——媽媽的兩個染色體，同樣都是X染色體；而爸爸的兩個染色體，一個是X染色體，一個是Y染色體。X代表女性，Y代表男性。你在媽媽那邊，抓哪個都一樣。可是伸手要抓爸爸這邊的染色體時，一看這個Y很糟糕，於是就換抓X了。在此順便釐清一個觀念——生男育女跟媽媽沒有關係，都是爸爸決定的。所以，以後不要再怪罪女性：「你這個肚皮不爭氣，生不出男孩」，這跟女性沒有關係！

本來想做男的，生下來卻是個女的，這就叫做「女人男相」，這樣的人也很常見。因此，一切都是自己在做決定，一切都要由自己負責任，這就叫「人生」。西方人最大的錯誤，就是解讀錯誤。「信我者得永生」，這個「我」，不是指耶穌基督，而是指「自己」；佛教「天上天下，唯我獨尊」，這個「我」，也不是指釋迦摩尼佛，還是指「自己」。自己的什麼呢？自己的靈魂。這叫先天。先天的計畫告訴我們：

每一個人來到世界上，是要做不同的事情，不是要做相同的事情。

大家不妨思考一下：如果每個人都做相同的事情，這個世界豈不是就要大亂了？宇宙原本都是協調、搭配好的，例如男女人口的比例，兩者相距不會太遠。太平時期，女嬰數量比較多。當男嬰數量明顯上升時，你就知道糟糕了，要準備戰爭了，否則生那麼多男的做什麼？「道」是整全的，是世界性的，是有全盤計畫的。既然一切都是有計畫的，而又是由我們自己做主的，那麼，每一個人都應該要善盡責任，努力扮演好自己這輩子所要扮演的角色，這就叫做「守分」。

人人各守其分、各盡其責，老子稱之為「道法自然」（《道德經》第二十五章）。「法」怎麼解釋呢？「道法自然」，是不是「道」去「效法自然」？絕對不是！如果這樣解釋的話，就是在「道」之外，還有一個「自然」，那「道」算什麼呢？所以「道法自然」，意思是「道就是自然」。「法」在這裡，解釋為「就是」。普天之下，沒有一個人是無師自通的，我們每個人，都有一位共同的老師，叫做「自然」。

「自然」是我們每一個人離不開的老師，因為我們都要向「自然」學習。大家有沒有發現：相對於其他職業，農民較少接受現代的知識，但卻是最聰明、最有智慧的一群。很多專家學者，舉辦了幾十場研討會都無法解決的難題，只要請教農民，三兩句話就輕鬆解決了。這是為什麼呢？因為農民的欲望很少。凡是欲望少的人，都跟天非常接近；書讀得愈多，反而跟天距離愈遠——這是現代人需要好好檢討的地方。

常言道：「知識就是力量，知識改變命運」，但是《道德經》第十九章中卻說：「少思寡欲，絕學無憂」。「少思寡欲」是說人生要減少思慮和欲望，這一點不難理解，而「絕學無憂」是說不學習知識，就可以減少很多憂慮——難道老子真的主張不要學習知識嗎？

事實上，「開智慧」遠比「得到知識」重要許多。有了智慧，知識很管用；沒有智慧，知識就是累贅、包袱，毫無用處。這樣就不難明白，為什麼老子會主張「絕聖棄智」。老子並非不重視知識，而是把知識分成兩大類，一類叫做「知道」的知識，一類叫做「不知道」的知識。知識裡面，有沒有「道」的成分，這點非常重要。現代人大部分的知識，都是屬於「不知道」的知識，因為那都是後天人為編造出來的東西。

老子的「無為」並不是我們一般人解釋的「什麼都不做」，也不是明明做了，卻裝作沒有做一樣，若真如此，豈非虛偽、奸詐、陰謀之流嗎？在「無為」前面，還有一個字，叫做「為無為」。什麼是「為無為」？老子告訴我們：你的所作所為，不能違反自然，叫做「為無為」。老子又說，要「事無事」。我們經常把「沒事沒事」掛在嘴邊，就是源自於此，可惜我們卻理解錯了！

「沒事」是非常高的境界。什麼叫做「沒事」？就是沒有後遺症。如果嘴上講「沒事沒事」，結果卻衍生出一大堆後遺症，那還不如不做。所以一個人，不要隨便講「沒事」。「沒事」意味著顧慮很周全，準備很周到，一切都在掌握之中，不會產生後遺症，這樣你才有資格講「沒事」。

老子的思想，是從人自身的實際生活體驗出發的。對於很多人把老子界定為宇宙論者、本體論者、哲學家，其實我不太同意。嚴格講起來，中國是沒有哲學的。「哲學」這個名詞，是日本人用漢字去翻譯西方的Philosophy。西方有哲學，而我們沒有。中華民族只有一門學問，叫做「道學」，它廣大悉備，無所不包，已經足夠。

莊子當年就曾經提出警告：諸子百家分門別類，會把「道」分裂，甚至弄到支離破碎，將來難以整合的地步，不幸卻一語中的。現代人最擅長分門別類，搞到最後無法溝通，你說的我聽不懂，我說的你聽不懂，所以只好同行的人開會。可是同行的人就算再開一百次會，還是講那些同行的話。大學之所以要大，就是希望能讓不同學科的人，有機會相互交流溝通。農學院的學生，去跟醫學院的同學住在一起，才能聽到不同的聲音，彼此之間才會溝而能通。如果四年當中，你都跟農學院的人在一起，同學、老師所講的，都是關於農學的話，那你就變成農學專家了，而專家的缺點就是專而不通。

老子啟示我們「大方無隅」的觀念（《道德經》第四十一章）。「隅」是角落，而「大方」則是沒有角落的。如果有一張桌子的四個角落，都能夠被清楚看見，那就表示它很小，「小方四隅」。如果把這個桌面，抬高到與視野齊平，除了面前這個角落之外，其餘的都看不見，就是「中方一隅」。專家的視野，大多侷限於「中方一隅」，只知其一，不知其二。如果把桌面再抬高、再加大，朝四面八方延伸，大到連一個角落都看不到時，那就是「大方無隅」的境界。

換句話說，「大方」就是圓。所以在中國人的觀念裡，「方就是圓、圓就是方」。然而，這種想法外國人著實難以理解，因為他們認為「方就是方、圓就是圓」，怎麼會說「方就是圓、圓就是方」呢？長輩常教導我們：做人要「大方」一點、要「圓通」一點，所講的都是一樣的道理。我們中華民族，有自己獨樹一格的智慧。我們的古聖先賢，真的是天下第一。所以在西方人的眼中，老子是「The Greatest Philosopher」，最偉大的哲學家。

日本一位榮獲諾貝爾獎的物理學家，曾發表過一段發人深醒的感言：「若是科學家能夠早點懂得老子的思想，就不會發展出現代這種科技」。西方人最近講得很清楚：現代科技就像撒旦，給人類一點好處，回頭就要人類的命。人類終將死於科技，因為它已經發展成一頭人類所無法控制的怪獸。如果科學家懂得《道德經》，就會發展出一套全面性的科學。

什麼叫做「全面性的科學」？就是凡是能生的，就一定能滅。現代人製造出很多能生不能滅的東西，例如塑膠。發明塑膠袋的科學家，因為意識到塑膠袋無法分解的危害，所以曾要求公司在自己想出解決方案之前不要生產。想不到老闆為了利益，竟然違背承諾，大量生產這種戕害地球環境的商品。最後，這位科學家因此而自殺身亡。

愛因斯坦也曾感慨：「下輩子寧可當個栓螺絲釘的工人，也絕對不做科學家。」因為科學家永遠是被利用的工具，這是他們的無奈。第二次世界大戰末期，日本已是困獸之鬥，根本不需要兩顆原子彈就會無條件投降。所以愛因斯坦曾連繫美國總統，希望不要使用原子彈。想不到美國總統滿口答應，結果卻是將一枚原子彈投向廣島，還不算完，因為當時帶了兩枚，另一枚是準備炸東京的，可是東京的雲霧實在太大，於是就近投向了長崎。臺灣有一個人，那時候正好在日本東京，他覺得下一個目標肯定是這裡，於是趕快逃往長崎，結果可想而知，真是人算不如天算！

說到「人算不如天算」，會有人說這是迷信，也有人認為，老子的思想是在兩千五百多年前形成的，還能適用於現代社會嗎？我們現在學習老子的《道德經》，究竟有什麼實質意義呢？

迷信是不應該有的，但是理想則必須要有。弔詭的是，當我們把迷信統統破除掉以後，連帶的理想也丟掉了。什麼叫做理想？例如老子的「小國寡民」（《道德經》第八十章）就是理想。有人說，這不是把國家分裂嗎？絕無此事。如果你有機會去請教老子：「您講小國寡民，難道是主張國家要小嗎？」他會回答你：「我也講過治大國若烹小鮮啊！」（《道德經》第六十章），可見老子並不反對大。「道」本來就要大！其實「小國」就是現在的Community，也就是「社區」。一個國家再大，也是由一個個小社區所組成的，老子當年所講的話，今日全都兌現了。

在此，提供大家幾個建議。第一個，從現在開始，要記住身為炎黃子孫，就不要跟其他民族比來比去，沒法比，再說又有什麼好比的呢？全世界只有我們中國人懂得「柔弱勝剛強」的道理。老子說：道是走反的路，它遲早會回到原點。所以我們只講「終始」，很少講「始終」。「終始」，就是沒完沒了。什麼事情都是沒完沒了的，做一個人也是沒完沒了的，這就是人生。

第二個，我們要把自己的文化跟西方的文化區隔開來，這對現代人而言非常重要。我們現在一直夢想著，要把全世界的優點都移植過來，但這是不可能的事情。「天道忌滿，人道忌全」，只要一全，就要開始缺了。今天晚上是十五，月亮一定是圓的，但是明天就開始缺了，沒有一個月例外。水滿則溢，水一旦滿了，就一定會溢出來。大海位置很低，所以水都匯流進來，一點也不費力。時間往反的方向流動，人一出生就朝死亡的終點前進，所以每年過生日的用意，在於提醒你又過去了一年，人生又少了一年。人的壽命再怎麼長，最後都是有限的，這是無可改變的局限性。既然如此，人又何須自尋煩惱呢？

第三個，我們必須維持東西方文化的一個平衡點。東西方文化相互配合，人類才會生生不息，這就叫做「風水輪流轉」。一旦文化整合，全世界、全人類只有一種文化時，人類就毀滅了。

炎黃子孫曾把西方做為學習的榜樣，但是，就像世界上的物種需要多元化一樣，文化也需要多元化。在全球經濟快速發展的今日，我們已經認識到文化發展的重要性，那麼，中華文化在世界上，肩負著什麼樣的重要使命呢？

這一次，炎黃子孫的責任是要救人類，因為西方文化已經無路可走了。美國金融風暴原本是不可能發生的事，怎麼可能發生呢？然而就是發生了！一夜之間，美國就變成那樣了，這叫玄之又玄，不可思議。隨後，歐洲也發生債務危機，這是什麼道理？這就叫做「天垂象」。今日美國仍高喊：「我還是最強的！」其實，當一個人高喊自己還是最強的時候，就等於是在宣告：「我已經弱了。」當一個人說：「我還在」的時候，就是別人已經不把他當回事了，他才必須這樣自我強調。

所以，我也提醒女性同胞，中國人只知道母親的偉大，很少有人提到父親的好。每年一到母親節，處處都是康乃馨，慶祝氣氛相當濃厚；至於父親節，幾乎都是馬馬虎虎、糊裡糊塗的過了。中國的女權是全世界最高的，因為最高，所以不需要爭取。凡是需要爭取的，都是沒有權的。所以為什麼老子講「不爭」？因為不爭的人最富有。我借給你一百塊，也不需要讓你還，就表示我很富有。如果我借給你一百塊，還要算利息，就表示我很窮，窮到必須向人家討利息。

很多事情，我們需要重新釐清。在我們身上，流的是中華文化的血液，眼看著世界逐漸衰落，我們就要負起責任。最近中日的領土之爭，就是一種「天垂象」，表示「天佑中華」，如果我們再不爭取，就是自甘墮落了。其實日本人是很可憐的，他們一定懷有一種恐懼感，擔心中華民族會把他們滅掉。我經常告訴日本人，中華民族是從來不會消滅別人的，但日本人仍將信將疑，依然懷著恐懼度日。因為恐懼，所以才會這樣任性而為。當一個人垂死掙扎的時候，你就知道他已經快要完蛋了！

一個人千萬記住：生逢其時，要過正常的生活；生不逢時，也要過正常的生活。人生就好像跨欄一樣，一個欄跨過了，還有另一個欄在等著你。美國人會認輸，日本人會認輸，哪個民族都會認輸，就是我們中華民族永遠不認輸。別國的棒球隊，打贏了，眉飛色舞；打輸了，所有人剃光頭謝罪。只有我們的棒球隊，永遠講一句話：「下一次你就知道厲害了！」我們的民族性是很可愛的，千萬不要醜化它，因為醜化它就是醜化自己。人最不幸的，莫過於醜化自己。所以這一回，我們一定要好好地認識老子，恭謹地接受他的智慧和教導，重新認識我們自身所固有的文化基因。

曾教授於老君台
前講學實況。

道德經的奧祕

第二章

老子傳道

第二章 老子傳道

只有區區五千字的《道德經》，向來被視為中國傳統文化中最難讀懂的經典之一。所以幾千年來，關於老子，關於《道德經》，有著無數的傳說和猜想。流傳已久的老子傳道圖中，透露著什麼玄機？難道是老子在向老虎傳道嗎？而這樣的一幅畫，在剖析《道德經》時，又能為我們帶來什麼樣的啟示呢？

《道德經》一書所蘊涵的道理，實在是太廣博浩瀚了，不論從哪個方向思考，從哪一條路去研究，都能夠入其門、得其徑，可說是「條條大路通《道德經》」。那麼，我們現在要選哪一條路來走呢？每一條不同的路，都有不同的風景；每一條不同的路，都能看見《道德經》的不同面貌。這次，我們要選擇一條比較崎嶇，過去比較少有人走的路，一條能夠擴大我們視野的路，那就是「為什麼《道德經》叫做真經」？

在西漢景帝以前，《道德經》原本並不叫《道德經》，那時根本沒有「道德經」這個名詞。那它叫什麼呢？就叫做《老子》，表示這是一本老子所寫的書。眾所周知，漢景帝以黃老之術治理國家，是實實在在地實踐了老子的學問的。漢景帝很了不起，他經由親身實踐，驗證了《老子》這本書，寫得實在高明，因此把書名欽定為《道德經》，提升了這本書的位階。光是如此，猶嫌不足，於是漢景帝通令朝野群臣，每個人都必須研讀此書。到了唐朝，唐玄宗更把《道德經》尊為《真經》，這就更了不起了！

然而，若單單按照字面解釋，《真經》意指《道德經》是真的，那麼，別的經該怎麼辨呢？難道就是假的嗎？

我們常常認為，世上的任何東西，不是真的，就是假的。而老子卻藉由《道德經》啟示我們：這世上的許多東西，都是非真非假，或者說是亦真亦假的。但就一般人的認知而言，「真」和「假」是完全相反的，怎麼可能混淆在一起呢？

在此，我們可以舉個例子加以說明。你到古董店去，看到一個很喜歡的古董，就開門見山地詢問：「這是真的還是假的？」老闆回答：「這個不是假的。」為什麼他不直接回答「這個是真的」或「這個是假的」，而只是說「這個不是假的」？其實，老闆的意思是：「這個是不是真的，我也不知道。」——玉是真的玉，但是不是某朝代、某人所使用過的那塊玉，我不知道，所以我不敢說它是真的。其實「真」和「假」，不一定是相反的。我們一般人都認為「是假的就不是真的」，這種想法未免太簡單了。

大家從《易經》的觀念裡，應該可以得到啟發：真的很少，假的也很少，最多的東西是什麼？就是「非真非假，亦真亦假」——有一部分是真的，有一部分是假的，還有一部分真假莫辨，而且真假莫辨所占的比例反而更大。所以，我們現在要讀老子的書，首先要記住，在真假之間，還有一個東西，叫做「實」。

中國人經常講「我們說實話」，很少講「我們說真話」。凡是說自己講真話的人，大部分是假的。因為我們能力有限，充其量只能說實話。科學家常把「追求真理」掛在嘴邊，現在都知道根本做不到，因為真理是誰都不知道的，這才叫真理。科學只能告訴我們實話，說這一件事情，經過了科學的證實。注意，我們是用「證實」，而不是用「證真」一詞——誰也不知道是真的還是假的，所以只能是「證實」，表示看到了、做實驗證明了，如此而已。

有兩句話，請大家思考一下：到底是「眼見為真」？還是「眼見為實」？中國人比較喜歡說「眼見為實」，因為我們知道，眼睛只能看到「實」的東西，但究竟它真不真？不確定！而且在大多數的情況下，眼睛所見大都是不真的。例如，世界上有那麼多的顏色，我們只能看到其中的一部分，很多部分我們是看不見的。眼睛的功能，有它的局限性。你怎麼知道你看見的就是真的？有了這樣的認知，我們就比較容易進入老子的思維。

事實上，眼睛常常會欺騙我們，例如一個靜止不動的圖像，當你的眼睛移動時，是不是覺得它在旋轉，而且你愈緊張，它旋轉的速度就會愈快。其實老子早在幾千年前就告訴我們，眼見並不為真。

很多人讀了《道德經》以後，心裡就想：原來道家是講陰謀的。所以，很多人讀《道德經》讀到最後，就變成不道德的人了。這種情況太嚴重，所以我們這次必須把它說出來，否則的話，不是很冤枉老子嗎？講到這裡可以看到，老子給我們的影響，也是一陰一陽，好壞兩種都有。

中華文化的根源是《易經》，老子是在解釋《易經》裡面最高層次的內容。他從這個角度，告訴我們要怎麼做。可是我們的理解，卻經常是反其道而行，這是老子很無奈的地方，也是我們為什麼不開篇就講《道德經》，而要進行這麼長的一段鋪陳的原因。我們一定要把基礎建立好，把長期以來被誤解，以致產生破壞性的因子先挖掘出來，講清楚、說明白，然後才能用很正確的心態去理解老子的話語。

老子作《道德經》，凡五千言。其實，他一共寫了五千兩百多字。中國人講《道德經》五千言，如果按照西方標準，就是不能超過一個字，否則就是不真。中國人不可能這樣。老子動筆的時候，豈能寫一個字算一個，算到五千個字就切斷了嗎？這算什麼文章？所以，當我們講老子的文章一共有五千字的時候，我們就知道，前後會有一些彈性，可能少一點，也可能多一點。目前《道德經》這本書有許多版本，其中有一個版本，整整齊齊地切成了五千個字，反而不可能是真的。遺憾的是，老子所親手撰寫的那一部經早已軼失，我不知道這是好事還是壞事，但這些都值得我們去思考。它不見得是好事，也不見得是壞事，能這樣想就對了！

讀老子的書，首先要檢討自己。我們現在都是按照自己的常識，來判斷這個對、那個錯。但一定要記住：一般人所謂的「常識」，本身也有很大的問題。標準不同，判斷的結果也就不一樣。因此，我們必須抱持著很冷靜、很恭敬、很真誠的態度，仔細聆聽老子的教誨，回過頭來調整自己，而不是用自己的看法，去評判老子的是與非、功與過。我們不是來批判老子的，也沒有這麼做的必要性。要瞭解老子，必須結合他當時的生活情境，而不是透過我們現在的生活方式加以想像，這是不可以的。我們真的很幸運，因為前人為我們留下了一些老子生活的素材。

在朋友家裡面，我無意中看到一幅畫。如果這幅畫沒有標題，我也不會曉得它在講什麼。畫上畫了一個老人、一隻老虎，而那隻老虎好像跟老人很親近。當時我猜測他是馴獸師，專門馴服老虎。再者，老人頭頂的圓圈到底是什麼？這是個關鍵問題。你說那是太陽，真的是太陽嗎？你說是月亮，真的是月亮嗎？你說我知道了，那個圓圈代表聖人有很大的能量，是這樣嗎？其實，如果我們設身處地想想，就能明白，這個圓圈既不代表太陽，也不代表月亮，更不是什麼能量。因為在老子的觀念裡面，並沒有這些東西。

畫中的這位老人，就是老子。那麼，老子為什麼要和老虎坐在一起？他和老虎說了什麼？這幅畫有著什麼樣的寓意？而畫中那個既不是太陽，也不是月亮，更不是什麼能量光環的大圓圈，到底又是什麼呢？

這個圓圈就是「道」。老子跟老虎講什麼呢？就講「道」。只有這個「道」，老虎才聽得懂。因此我們知道，此畫的含義就是「二老在談道」——一個「老」是老子，另一個「老」是老虎。大家可能會有疑問：「這是什麼意思？」、「老虎是百獸之王，它是最凶猛的，誰敢去和老虎說話？」、「老子為什麼要去跟老虎說話呢？」這些都是我們應該思考的地方，同時，也是能夠給予我們啟發的地方。它告訴我們：老子《道德經》講的是真話，而

真話是高度危險的東西，就好像跟老虎講話一樣，能這樣理解就對了！

老實講，每一部「經」，我們都不敢斷言它是否始終在說真話，但是它們都在說很妥當的話。它們各有不同立場，以各自立場為出發點，講出很妥當的話，就成了一家之言。可是老子一看，你們這樣各說各話，會造成很大的混亂，各說各話，就不容易辨別真偽——講到這裡，大家應該恍然大悟，我們現在的時代，其實跟老子那個時代相去不遠，都是多元化的社會，公說公有理、婆說婆有理，到底誰有理，誰都不知道。所以，老子才很著急，這樣下去還得了？所以他就想講真話。可是講真話的人，能活得成嗎？歷史上有很多血淋淋的教訓，告訴我們講真話的人不是活不了，就是活不久。那怎麼辦呢？所以老子想想，乾脆出關去吧！老子出關的時候，大概事先就知道，有人會留住他，不讓他走。他說自己非走不可，但別人會叫他留下。如果人實在留不下，留下寶貴的心得也好。這個時候，老子豁出去了！他抓住機會，寫下了五千字的真話，然後便莫知其所蹤。

若是從這個角度來瞭解《道德經》，也許老子會比較高興，因為我們終於瞭解他在講些什麼，而且也知道他為什麼要這樣講的原因。另外，還有一個更深層的意思，有一句描述中國社會的成語「臥虎藏龍」，也和老子有關。「臥虎」，老虎是俯臥的。為什麼老虎要俯臥在那裡呢？因為牠夠兇猛。一頭夠兇猛的動物，牠隨時都可以臥倒，根本不必害怕是否會招來凶險。誰能把牠怎麼樣？你惹牠，牠一站起來，你就完了！老子呢？老子是龍。老子為什麼是龍呢？這是孔子講的。

據說孔子仰慕老子的學問，曾攜眾弟子前去問道，而老子見到孔子時並不說話，只是張開嘴，讓孔子看他殘缺的牙齒和完好的舌頭。眾弟子皆疑惑不解，孔子卻領悟到老子的意思：牙齒雖然剛強，卻已經殘缺不全了；舌頭雖然柔弱，卻猶能保全至今。

老子是龍，「藏龍」。大家可以猜一猜，老子和老虎，到底誰強誰弱？可想而知，老虎當然比較強。但為什麼老子所講的都是「柔」與「弱」？因為老子知道「柔弱勝剛強」（《道德經》第三十六章）、「柔弱者生之徒」（《道德經》第七十六章）的奧妙所在。

我們從《老子傳道圖》中，可以看出很多東西，包括畫這幅畫的人，他本身也是出於道家，而且是一位修行很高的人。他什麼都不說，就這麼一畫，看大家能夠從中悟到多少。可是，老子也是不講悟的。我們慢慢會懂得，不要用所謂的「常識」去理解老子，否則老子會很冤枉的！當時的他，大可悠然自得地生活，何必要寫下五千字真言之後，就莫知其所蹤了呢？這是有玄機的，就是要提醒我們：「人應該說真話，不說真話算什麼人呢？」可是在這之前，你必須思考：第一，你有沒有能力說真話。第二，你說的真話，別人會不會相信。大多數的人，經常是不相信真話的，反而會對假話信以為真。即使你說了真話，最後很可能反而變成笑話。

《老子傳道圖》傳達出兩大重點：第一，道是柔弱的，但柔弱勝剛強；第二，老子在講真話，而講真話是很危險的。那麼，老子的《道德經》，究竟講了哪些真話？既然講真話是很危險的，那我們現在還要不要講真話呢？

我們今天敢在這裡講真話，不是說我們不怕老虎，也絕對不是說我比老子高明，沒有這回事。而是時代背景不同了，即使我們講真話，所冒的風險，也不會和老子當年一樣大。但不論如何，講真話永遠是得罪人的，講真話永遠是對說的人不利的。但所幸今日社會民智已開，資訊發達，每個人都已經歷過多元化的激盪，此時此刻，是講真話的最佳時機。如果現在再不講真話，人類就真的危險了！我們要把這幾千年來對老子的曲解、誤會改正過來，讓大家能夠真切地感受到：老子的思想，的確是拯救今日社會最有效的良方。

既然如此，我們應該從老子的哪一句話切入呢？相信大家一想就通。當然是從第一句：「道可道非常道」開始。老子會把它擺在第一句，當然有他的用意。所以接下來，我們要剖析：為什麼「道可道非常道」？從這裡開始進入老子的思維。

道德經的奧祕

第三章　上士聞道

第三章

上士聞道

《道德經》開篇第一句：「道可道非常道」，自古以來，人們對這六個字，有著眾多的解釋。因為中國古代文字沒有標點符號，所以人們常常根據自己的理解，自斷句讀。只要把標點放在不同的位置，就會產生不同的含義。曾教授認為，這六個字，可以有三種不同的讀法，從而產生三種不同的意義。那麼，這三種讀法是什麼？而這六個字又該如何解讀呢？

我們讀一本書，最喜歡講一句話，叫做「開宗明義」。也就是說，一開始就要告訴我們，這本書講的是什麼內容，最主要的思想是什麼。

《道德經》第一章，開篇就是：「道可道非常道」，我們必須了解，在老子著述之時，是沒有標點符號的。我們現在有標點符號，到底是進步，還是退步呢？不知道。因為如果沒有標點符號，每一個人都可以有自己的斷句方式；一旦有了標點符號，就好像是被標準化了，反而使得思維受到若干限制。所以我們常常講：語言和文字，對人類的交流是有幫助的，但是不要忘了，在某種程度上，也會對我們的思考方式產生非常大的限制，這就叫做「一陰一陽之謂道」。可見我們中華文化，所有的基礎都是建立在《易經》上面的。老子的特別之處，在於他是專門替高等智慧的人解釋《易經》的，只有自身有很大的包容性，同時又看得很深遠、很廣大的人，才有辦法聽懂老子的話。

「道可道非常道」，至少有三種不同的標點方式。第一種：「道，可道，非常道」。告訴我們：只要「道」可以言說的部分，就叫做「非常道」。這樣我們就能瞭解，「道」最起碼是由兩部分組成，一部分叫「常道」，一部分不是常道，意即「非常道」。「可道」的部分是「非常道」，「不可道」的部分是「常道」。為什麼「常道」會「不可道」呢？因為「常道」是一個完整的系統，而人只有一個嘴巴、一個頭腦，怎麼可能講得那麼周到？想得那麼周全？所以，中國人就形成一種傾向——你說出來的部分，我不談；我專門從你還沒有說到的部分，跟你對抗。你說東的時候，我就說西；你說西的時候，我就說東……如此下去，沒完沒了。直到今日，猶然如此。

第二種標點方式：「道可，道非，常道」。意即告訴我們：有人說你對，就會有人說你不對；只要有人說這樣可以，就會有人說這樣不可以，這就是「常道」。「常道」永遠有正反兩面。其實用「正反」來形容，還不如用「正負」來說明。數學裡面，有正數就有負數。以前沒有「正負」這個概念，所以叫「正反」。其實正反，不一定是相反的意思，也可能是互補。如果我們只把它看成相反，是很危險的思考方式，在這方面必須特別小心。

第三種斷句，也是一般最常用的：「道可道，非常道」。其實這句話是最具高度危險性的。

一樣的文字，不同的標點方式，就會表達出不一樣的意思。由於中國古代沒有標點符號，對我們在理解古人思想時，造成了一定的障礙，但也留下許多思索的空間。對於《道德經》開篇這六個字，我們現在最常用的解讀方式是：「道可道，非常道」。但為什麼這句話是具有高度危險性的呢？

下圖是名為《上士聞道》的雕塑（編註：關於雕塑的背景介紹，請參看第6～7頁）。其中，老虎代表什麼？它代表諸子百家。諸子百家都非常有學問，講的話都很有道理，不然怎麼可能成為一家之言呢？但是，老子抱著一顆誠懇的心，對老虎（諸子百家）說：「不好意思，冒犯大家，希望你們能夠諒解。沒錯，你們所說的都是『道』，但只是『道』的一小部分，沒有人可以把『道』很整全地說清楚。這並不是你們的錯，而是受到語言文字的限制。就連我自己，也永遠都不可能把真相說清楚。我只能把所看到的、所體會到的說出來。所以，我所說的，也只是片面的道理，而不是整全的道理。希望我們每個人，都不要過分自我張狂、自我膨脹。也希望來學習的人，不要認為我的學說，就是整全的道理。」

老實講，在當時的社會氛圍裡，諸子百家成天爭來鬥去，你一個人，敢去向諸子百家挑戰嗎？人家也會質疑：「難道你講的，就是整全的道理嗎？」雕塑作品中所表現出來的，就是當時的氛圍與狀態。有個觀念我們要反覆牢記：每個人都只有一個頭腦、一個嘴巴，何況還有自己的特殊立場，怎麼可能把所有的道理都講完呢？這是一種局限性。老子自己也知道，一旦他開口講話，將會面臨重大的風險。

雕塑作品：上士聞道
創作者：曾士猷

中華民族的老祖宗伏羲，替我們開了一扇做學問的大窗口，那就是「天人之學」。何謂「天人之學」？

就是做學問時，要從「天垂象」著手。因為人存活於天地之間，不可能離開天地，所以我們必須要瞭解天地，才有辦法找到自己的生存之道。雖然天不說話，但是它會真實地把真相、本相，毫不保留地透露給我們。因此，中國人很喜歡仰觀天象。

七千多年前，伏羲仰觀天文、俯察地理，根據大自然中：天、地、水、火、雷、風、山、澤這八種現象，創造出了伏羲八卦圖，這就是天人之學——《易經》的基礎。老子的《道德經》，是專門替高等智慧的人解讀《易經》的。那麼，老子所觀察到的天象，又是怎麼樣的呢？

《道德經》第四十一章說：「上士聞道，勤而行之；中士聞道，若存若亡；下士聞道，大笑之，不笑不足以為道。」這段話講得多麼生動啊！高等智慧的人，聽到「道」以後，沒有什麼反應，因為他知道：「道」不是用來講的。講「道」，是永遠講不清楚，永遠會有所偏失的。「道」只能用來「行」，一步一步，從實踐當中去瞭解「道」。所以，中國人經常會問：「你行不行？」其實「行不行」與「道」之間，有著相當密切的關係。

中等智慧的人，聽到「道」以後，好像聽得懂，又好像聽不懂。他不能說我不懂，但又真不敢說我聽得懂。總覺得好像有什麼地方不清楚，可是又不知道到底是哪裡不清楚。「下士聞道，大笑之」，愈是那種聽不懂的人，愈會大笑，認為你在胡說八道，肯定不會有這種事情，好像他比你還懂。聽完之後，一臉不認同、一臉懷疑的這種人，還算是好的。有些人甚至於你還沒有講完，他就立刻攻擊你、否定你，提出一大堆的意見。遇到這種人，老子可能心想：「唉，實在太差了，這個人的智慧完全沒有被開發出來。」然後打圓場的說：「這也沒什麼啦，不被嘲笑的，不足以成為道。」

不同程度的人在聞道之後，會有不同的表現。有的人明白了，就立刻付諸行動；有的人似懂非懂，只好繼續琢磨；也有的人是直接「大笑之」。「大笑」，有可能是因為不懂而不屑，也可能是因為懂了而高興。一句「不笑不足以為道」，再一次提醒我們，任何事物，都有兩種面向，正如《易經》所說：「一陰一陽之謂道」。那麼，這座老子給老虎講道的雕塑，又能帶給我們什麼啟示呢？

大家看到老子給老虎講道的雕塑，肯定會懷疑：這個是老虎嗎？因為這隻老虎的身上並沒有斑紋。老虎，最明顯的標誌就是牠的斑紋，任何野獸看見都會怕。現在沒有斑紋，那這個雕塑是不是還沒有完成呢？當然不是。你看老子，他有沒有動手動腳？他怎麼敢動手動腳呢？他就動一根手指頭而已，這就叫「一指神功」。他就動了這麼一根小指頭，嘴巴有沒有張開，我們不清楚；他在想什麼，我們也不知道。可是老虎就服服貼貼的，連斑紋都不見了，所以我們給這個雕塑一個恰當的標題，叫做「上士聞道」。

當然，老虎也可能是中士，還可能是下士。如果是下士，老虎的斑紋就出現了，兩隻腿就要站起來了，然後大吼一聲，老子就不見了，我們今天也就不用傷腦筋去讀什麼《道德經》了。如果是中士，就會在這裡搖頭晃腦，眼神完全不一樣，斑紋若隱若現。而現在這隻老虎，在聽了老子的話以後，就把自己的斑紋全都隱藏起來了，可見應該是上士。

老子沒有直挺挺地站在那裡，他彎下身來跟老虎講話，表示他是柔的，不像老虎是剛的。但是老子柔中帶剛，老虎則是剛中帶柔。同時，老子的臉跟老虎的臉是相對的，老子是在跟老虎說話嗎？老子能讓老虎身上的斑紋都消失了，憑藉的是什麼樣的力量呢？

有人認為，老子乃得道仙人，通曉獸語，所以他在給老虎「講道」，而老虎則在「聞道」。但是曾仕強教授認為，「道」，根本不是言語可以講清楚的，所以老虎也不可能聽懂老子在講什麼。但是，兇猛的老虎，為什麼會安靜地俯臥在老子身邊，他們是靠什麼在溝通的呢？

在老子和老虎之間，主要憑藉的是《易經》裡所講的「應」。不是應該不應該，而是有沒有感應的問題。人與人互動是靠感應，不一定需要言詞。有時你說得再多，還不如把你的信息，透過無形的方式傳達給對方，這個叫做「心連心」。兩人一旦心連心，即使你不說，對方也知道。但是我們現在都太相信嘴巴，非得用講的不可，以致於感應的能量愈來愈小，這也是我們在看到這個雕像之後，應該要引以為戒的。

不管是在日常生活中還是工作中，我們為什麼都推來推去，不先說話？老子在《道德經》第七十章裡講了一段話，值得我們深思：「我的言論很容易明白，也很容易實行；但是天底下沒有人能瞭解，也沒有人能實行。」這樣不是很奇怪嗎？

很多人覺得《道德經》像部天書，晦澀難懂，但老子認為：我說的道理很容易瞭解，也很容易做到，但天下的人卻沒有能知道的，也沒有能做到的。這究竟是為什麼呢？

老子所講的道理簡單無比，他是以自己獨特的方式解釋《易經》。《易經》本來就很容易，為什麼要把它講得那麼複雜呢？其實是我們自身出了問題，所以才會把學問搞得這麼複雜。「吾言」其實也不代表老子的話，老子從來沒說這是他的話。我們經常聽到的一些話，大部分都是源自於《易經》。「甚易知」的「甚」，就是「非常」，非常容易聽懂、非常容易瞭解，可是有些人非要自作主張，用自己的主觀意見，把它弄得很複雜、很難懂，這能怪誰？「甚易行」，只要去做，很容易就能做好。老子講的是真話，這些道理並沒有什麼難的——你去做，就能做出來；你做出來了，就能明白。可是現實狀況呢？卻是「天下莫能知，莫能行。」

「天下莫能知」，很多讀書人整天在那裡寫文章、做研究，忙了半天，反而愈弄愈迷糊，愈弄大家愈看不懂。「莫能行」，這一句話，其實是達摩祖師到中國之後才警告我們的，可惜我們還是沒能聽懂。達摩到中國時，已經一百三十多歲了。他年紀這麼大，還到中國來做什麼呢？他是在傳達一個很重要的訊息：中國人太喜歡做學問了，所以把佛經當做學問來研究。研究到最後，卻很少有人付諸實行。中國人大多是知而不行、只修不行，整天只知道做研究、背誦，唯獨沒有踐行。達摩祖師已經點出問題所在，但許多人還是依然故我。

因此，這一次我們從頭講解《道德經》，是希望大家知道《道德經》是用來實踐的。儘管百姓日用而不知，但是沒有關係，「道」原本就是用來「行」的。我們要把《道德經》應用在自己的日常生活當中，在生活中實踐、從生活中印證，我想這才是老子當年撰寫這部《道德經》的本意。

事實上，中國人的所有學問，都是為人生而做。所以接下來，我們要探討的是：人生的價值是什麼？

道可道非常道
名可名非常名
無名天地
之始有名
萬物之母
故常無欲以
觀其妙常
有欲以
觀其徼
此兩者
同出而異
名同謂之玄
玄之又玄
眾妙之門

道德經的奧祕

第四章

人生的價值

第四章 人生的價值

人生只有短短數十年，每一個人都是赤裸而來，空手而去，那麼，人生的價值究竟體現在哪裡呢？有人說「人不為己，天誅地滅」，人就是為自己活著的。但曾教授認為，我們對這句話的理解，是完全錯誤的！那麼，「人不為己」的真正含義是什麼？古人又為什麼會說「人在衙門好修行」呢？

既然做人，就要做一個有價值的人，我想這是大家都能認同並接受的一個觀點。世界上幾乎所有的人，都會有這樣的疑問：「人生的最高價值是什麼？」對此，一千個人就會有一千個答案，眾說紛紜，莫衷一是。

對於這個問題，老子的回答非常高明。他告訴我們：人生的最高價值就是X。大家猛一聽，會覺得奇怪，難道老子當年也講英文？並不是這樣。我們現在有了代數的概念，知道任何事情，都可以用這個假設的X來代表。X可以等於一切數字；而老子當年，則是用一個跟X概念相當的名詞，來代表萬事萬物，那就是「道」。

「道」是個抽象的假設性名詞，因為究竟什麼叫做「道」，直至今日，都還沒有人能夠完全弄明白、完全講清楚。所以，我們只能這麼說：「道」是一個抽象的假設性名詞，它的範圍非常廣大，可以包容所有具體的事物。就好比X，它可以等於一，可以等於二，可以等於無窮大，可以等於一切數字。「道」也是一樣，我們生活中的任何層面，都離不開「道」。可見，「道」的範圍非常廣大，可以包羅萬象，把所有人類能夠形容的最高價值都包含在內。

人生一世，價值幾何，這是每一個人都想知道的。但每個人各有各的說法，每種說法都有其道理。老子只用兩個字來概括人生價值，叫做「行道」。「道」是用來「行」的，不是用來講的。你說了半天，還不如身體力行來的實際。但行的是什麼「道」？老子告訴我們「道法自然」，此處的這個「法」，並不是仿效的意思。如果說「道」還要仿效「自然」，那就表示「道」跟「自然」之間，還有一段距離，那麼「道」和「自然」孰高孰低，就難以判斷了。「道法自然」這句話，是說：「道」等於「自然」。道就是自然，自然就是道，這兩個是合為一體的。

每個人都希望在自己一生短短的數十年間，活得有價值。但是人生的價值，究竟體現在哪裡？老子的《道德經》告訴我們：人生的最高價值，就是行道。那麼道在哪裡呢？老子說「道法自然」，既然道就是自然，自然就是道，為什麼老子不直接說「自然」，而要說「道」呢？

老子的「道」，講的就是「自然」，所以我們把老子稱為「自然哲學家」。可是自然中萬物俱存，天上的行雲，地上的流水，都是自然。如此一來，就不容易找到一個統攝萬物的焦點。因此，老子用「道」，來代表所有的自然物。那麼自然最重要的特性是什麼呢？就是「無私的奉獻」。

小草一到春天，就會開始萌芽生長。小草生長以後，並沒有只為自己，就算牛羊過來吃它，它也不跑，再說它也跑不動。但問題的關鍵不在於此，它不是不願意跑，也不是不敢跑，而是根本就沒有跑的概念。「你要吃我，那就請吃吧！」它沒有抱怨，沒有任何作為，這就是自然。再看那些潺潺的流水，滋潤土地，滋養生物，但它無求於受它恩惠的任何生命。「水善利萬物而不爭」（《道德經》第八章），這就是無私的奉獻。

由此可見，人類的價值何在？那就是像水一般，能夠善利萬物，而不求一己的回報。每個人都是社會人群的一分子，如果人人都能盡自己的心力，為整體人類做出奉獻，那就是無比的生命價值。

可是很多人對此不以為然，他們信奉的是「人不為己，天誅地滅」的人生哲學，覺得人本來就自私，不自私能活命嗎？認為人不自私，連老天都不放過，都要天誅地滅。其實這句話，長久以來都被解釋錯了，因為這不符合自然，不是道。道告訴我們，萬事萬物，都是盡其本性而已。樹葉遮擋陽光，當人坐在樹蔭底下乘涼時，樹不會抗議，不會干預你，不會向你收錢，也不會認為自己為人遮陽就很有功勞。既然萬物都不自私，做為萬物之靈的人，卻要自私自利，這樣不是相當不合理嗎？

其實，「人不為己」這四個字，要從「名可名非常名」的角度來剖析。這裡的「人」，並非指哪一個具體的人，而是指所有的人。這裡的「己」，不是自己，而是指人之所以為人的本性，也叫做自性。「人不為己，天誅地滅」的意思是說：如果人類不能夠堅守老天（自然）賦予我們的本性，那麼，人類不就淪為純粹的動物了？一旦人淪為動物，不就是天誅地滅嗎？

人的存在，是因為具有人性；狗的存在，是因為具有狗性；豬的存在，是因為具有豬性，這才是自然之道。所以，「人不為己，天誅地滅」跟「自私自利」一點關係都沒有。可是長久以來，人們一直誤解它，這是我們自己的問題，跟這句話本身沒有關係。人類由於自私自利所犯下的過錯，不應該推到這句話上面。

近兩百年來，人們習慣於把中國的落後，歸咎於中華文化的落後。直到今天我們才發現，長久以來，古聖先賢的思想，已經在歷史的長河中被曲解了。所以從現在開始，我們要正本清源，回歸原點。「人不為己，天誅地滅」的意思是：人如果不具有人性、不能發揚本性，則為天地所不容。那麼，人究竟應該如何發揚人性？《道德經》中又是怎麼說的呢？

《道德經》第七章說：「聖人後其身而身先。」這是什麼意思？就是聖人懂得甘居人後的道理。那麼，既然是甘居人後，怎麼又會「身先」呢？因為你退到眾人的後面，眾人反而會更加敬仰你，認為你了不起。你有功勞，但是從來不居功；雖然身為主管，但卻很謙虛。如此一來，必能獲得眾人愛戴。所以，做人要懂得往後退一步，你一退，大家就跑到前面去了。雖然你甘居人後、功成不居，但是大家將更為敬仰，認為你度量夠大。

在「後其身而身先」之後，還有一句話：「外其身而身存」。「外其身」，就是指一切都是身外之物，不要用自己的利害關係來衡量事情，不論大家怎麼做，只要合於「道」就可以接受。不去計較自己的榮辱得失，結果就能「身存」，也就是實現了個人的理想，充實了此生的精神生命。其實，老子對「身」的講法很多，在不同的情境下，所代表的意義也不同，我們必須設身處地的去琢磨。

老子接著說：「非以其無私邪？故能成其私。」這句話是什麼意思呢？「非以其無私邪」，就是因為他處處為別人著想，沒有私心，所以才能「成其私」。

中國有句古話「吃虧就是福」。我們在自己身邊就可以看到，有的人很精明，處處為自己打算，一點虧都不吃，但是這種人，通常很難有大成就。而那些一心為公、無私奉獻的人，反而能夠擁有充實的人生，這種現象，是不是《道德經》中所說的「故能成其私」？而這個「私」字，究竟指的是什麼呢？

這個「私」，便是指一個人的理想、抱負和願望。並不是只有自私的佔有才叫做「私」，舉凡理想的實現、抱負的施展、個人的願望能得到大家幫忙，而得以順利完成，這些也都是「私」。可見老子的用意，是要告訴我們：不要總是停留在物質層面，不要在那些看得見的物質上斤斤計較，反而忽略了那些看不見，但卻更為重要的精神層面。一個人的最高價值，就是能夠把自己想要對社會人群做出貢獻的良好願望，一步一步地落實、實現。這並不是很容易的事，因為一不小心就會走錯方向，變成貪圖一己私利。很多時候，一點點小偏差，就會讓後果不堪設想。

因此，老子在《道德經》第三十八章，特別寫了這幾句話：「上德不德，是以有德；下德不失德，是以無德。」這裡的「德」就是得到的「得」。究竟「有得」還是「無得」，端視你有沒有按照「道」去行。如果按照「道」去行，就會有所得，就叫做行道有所得。有至上之德的人，不自以為有德，心中沒有利害得失之心，凡事皆能秉持自然，順性而為。如果過分考慮利害得失，就已經失於道了。

「下德不失德」，下德的人，心裡頭老是想要得到，不能放棄其得失之心，所以也就忘記了「道」，自己亂出花樣，最終也就無所得了。其實，這樣的概念，很多人都能隱隱約約感覺到，但就是不相信有這種事。尤其是現代人，動不動就是結果第一、過程第二，只關心績效如何、效益高低，很在意人家對我的看法如何、能不能得到獎賞……如此一來，就離「道」愈來愈遠了。

因此我們讀老子的書，一定要設法把它實踐在自己的日常生活當中，改變自己的思維和習慣，然後才能慢慢「上道」。中國人常講：「這個人很上道」，就是這個道理。另外，中國人也常說：「人在衙門好修行」，但是有些人覺得這句話很奇怪——如果要修行，應該到廟裡去、到山上去。衙門是官府，跟個人的修行有什麼關係呢？

衙門是社會上權力、利益最集中的地方。修行之人，一般都是要遁入空門，遠離充滿欲望的滾滾紅塵，但是古人卻告訴我們：「人在衙門好修行。」當一個人身處權力、利益的中心時，為什麼反而會有利於修行呢？

人要為社會服務，最好的方式就是出仕為官。老百姓所懼怕的，就是當官的人沒有良心。如果你有權力、有資源，並且一切依「道」而行，按照自然規律，一步一步去實踐治理國家、服務人民的理想，讓所有人都能享受到愉快、幸福的生活，這就叫做「修行」。「修行」就是自己好，別人好，大家都好，但是卻不知道什麼叫做「好」時，那才是真好啊！這就是老子所說的「上德不德，是以有德」。

老子說，只有連什麼是好，都不知道的時候，才是真的好。也就是根本沒有什麼「好」與「不好」的觀念，所有人都覺得這樣過日子很正常，不存在「合適」或「不合適」的分別。那些所謂的報酬、獎懲、績效，都只是手段而已，不是目的。如果你把它看成目的，就不免天天苦惱。

既然我們生而為人，就要發揚人性，按照人性處世。而人性是什麼？人性就是道德，就是無私的奉獻。老子的經，直接了當地叫做《道德經》，就是在告訴我們：道德就是最好的信仰、道德就是人類最高的價值。很多宗教也都在講「道」，但都只講了「道」的一部分。換句話說，所有宗教都是指向「道德」的一隻手。唯有老子的「道」，是無所不包，可以容納所有的宗教、容納所有的信仰。

談到宗教，現今人類的苦惱之一，就是宗教與宗教間的相互排斥和敵視。一個人，若是信了這個教，就不能信那個教，這很麻煩。《道德經》第十八章說：「大道廢，有仁義；智慧出，有人偽；六親不和，有孝慈；國家昏亂，有忠臣。」老子主張：大家不要再講所謂的仁義了，因為一講仁義，「大道」就消失不見了。如果「大道」可以暢行無阻，還需要什麼仁義嗎？根本不需要。如果大家都高高興興，還有必要想方設法，讓大家都不要苦惱嗎？

按照「道」行事，根本就沒有必要談仁義。不管什麼事，大家都能憑良心去做的時候，也就沒有什麼監督、追蹤的必要性了。你有智慧，卻不好好去走「道」的路，非要走那種跟「道」相反的路，那又怪誰呢？如果一個家庭很和樂，就不用鼓吹孝敬父母、慈愛子女之類的口號了，因為大家都已經切實做到，再反覆提醒，豈不是多餘的嗎？從這個角度就能瞭解：當家庭失和時，才需要講孝慈；當國家不安定時，才需要講忠臣。

> 現代人經常呼籲要提升精神文明建設，也許，正是因為我們的社會在道德層面上出現了問題。中華民族有著數千年的悠久文明，維繫我們民族的精神力量，從來就不是宗教，而是倫理道德。那麼，究竟是什麼原因，使現代社會出現了道德危機呢？

現在大家都不相信道德，因為我們已經被灌輸了一種很奇怪的想法：道德不但無用，讓人吃虧，還害人不淺。古代的聖賢，從大自然中，明白了一個道理——我們用「明白」，而不用「覺悟」，因為老子最高明、最偉大之處，就在於一個「明」字。大自然的一切一切，都是在傳達「吃虧就是佔便宜、佔便宜就是吃虧」的道理。這句話有誰聽得懂呢？一株小草，如果牛羊都不去吃，最終是會發霉的。如果不是被牛羊踐踏，它的生命力就不會那麼頑強，只會一季比一季衰弱，最後走上物種滅絕之途。

人也是一樣，愈是遭受打擊，生存能力就愈強大。現代有很多人，一聽到「吃虧就是佔便宜」這句話時，就非常火大，很不以為然，認為吃虧就是吃虧，還佔什麼便宜？不要自我安慰！這種人就是「下士聞道」，如果他不是大笑之，而是大怒之，那就更糟糕了！

我們經常說：「聰明反被聰明誤」，其實一個很聰明的人，經常也是很鬱悶的，因為他未必清楚自己的聰明到底要擺在哪裡好。《道德經》第五十一章說：「萬物莫不遵道而貴德。」一放眼望去，宇宙萬物沒有不遵從道的，只是現代人不這麼想而已。天不貴聰明，人為什麼要自作聰明呢？現代人只講「利害」，其實講「利害」也沒有錯，只是我們要能認清「利害」的真面目，而不是被那種假的「利害」所矇蔽。

我們要重新瞭解一下：「道」真的那麼難講嗎？「道」真的有那麼玄妙嗎？難道我們歷經了這麼長的歷史，經過了那麼久的努力，還沒有辦法比古人更進一步瞭解「道」嗎？所以接下來，我們就要深入探討「究竟何為道？」

道德經的奧祕

第五章

究竟何為道

第五章

究竟何為道

老子在《道德經》中告訴我們：「道」無處不在，卻沒有形狀，也沒有聲音，看不見、摸不著，既無法用語言來形容，也不能用五官來瞭解。那麼，這個「道」究竟是什麼？它對於人們的生活，有哪些重要的影響？人類社會為什麼一定要「依道而行」？我們又該用什麼方法來瞭解道、認識道呢？

「道」究竟是什麼？「道」是一個假設性的、抽象的名詞，它可以代表我們所要知道的所有一切概念。雖然老子沒有提出一個明確的概念，甚至任我們隨心所欲地去理解、闡釋，但我們最好還是尊重老子的原創性。因為「道」是他提出來的。所以，我們從《道德經》來探討老子的「道」究竟為何，應該是一種比較合理的途徑。

老子在《道德經》第二十五章說：「有物混成，先天地生。寂兮寥兮，獨立而不改，周行而不殆，可以為天下母。吾不知其名，字之曰道，強為之名曰大。」這裡的「物」就是指「道」。「道」是混成的，你看它含含糊糊、無法捉摸，可是它確實是存在的，所以叫做「有物混成」。它的特點是什麼？「先天地生」，它比天地還要早出現。難道這意謂著是「道」把天地生出來的嗎？不是。而是說：在一片混沌的時候，「道」就已經存在了。

自開天闢地之初，「道」就開始產生萬物。儘管「道」模模糊糊，老子還是要替我們描述一下，這個混成的「道」是怎麼回事。「寂兮寥兮」，「寂」就是寂靜的意思，沒有聲音，不聲不響；「寥」則是沒有形狀，你看不出它是什麼樣子，不知道它的由來。但「獨立不改」，它獨立於萬物之上，可是它又恆久不改，從來沒有離開過萬物。「周行而不殆」，它運行在宇宙之中，永不停息。「可以為天下母」，它是天下萬物共同的母親。

「道」，早在天地尚未形成以前，宇宙一片混沌之際，就已經存在了。天地形成之後，萬物才慢慢演化出來。而「道」，就附在所有萬物之上，但它還是「道」。「吾不知其名」，因為本來就沒有名，所以也沒有人知道那是什麼。老子很誠實，他說：「我只知道有這樣的東西，但沒有人給它取過名字，我也不方便給它取名字，更不知道它是什麼名字」。「字之曰道」，所以我姑且稱它為「道」吧！「強為之名曰大」，這裡的「名」是形容的意思，因為這個「道」實在太廣大了，無法用一個具體的名字來命名，所以只能勉強形容它是「浩瀚廣大」的——以上是老子對「道」的初步描述。

老子在《道德經》中說，有這樣一種東西，它先於天地而生，不僅創造了萬物，同時又存在於萬物之中，我不知道這種東西叫做什麼名字，就姑且稱它為「道」吧！在這裡，老子似乎已經勾勒描繪出「道」的輪廓，但是為什麼還是予人一種模模糊糊，彷彿霧裡看花的感覺呢？

雖然老子已經對「道」做出描述，但是我們對「道為何物」，還是不夠理解、不夠清楚。猶如老子在《道德經》第二十一章所說的：「道之為物，惟恍惟惚。」什麼叫做「恍惚」呢？這是什麼意思？《道德經》第十四章也這樣說過：「視之不見名曰夷，聽之不聞名曰希，摶之不得名曰微。此三者不可致詰，故混而為一」。「道」是混成的嗎？是由什麼混成的呢？它是由那種看不見的、聽不到的、摸不著的東西混為一體而成。所以坦白講，我們很難追溯它到底是什麼。

當你摸得很清楚，看得很明白，拿在手上都可以把玩的時候，那就變成「道」的應用了，稱為「器」。「器」是「道」的一部分，但是它不能代表「道」。所以，我們現在人常常說：「你跟我說清楚一點，我怎麼看不明白。」這種觀念其實不是很合適的。

「視之不見」，就是你去看它，看來看去，最終也看不出它的樣子來，這就叫做「夷」；你用心去聽，聽了半天，也聽不出聲音來，那就叫做「希」。「夷」是沒有色，「希」是沒有聲。你用手去摸索觸碰，碰不到東西，這叫做「微」，就是無形的意思。無色、無聲、無形，代表什麼？代表「道」的虛無性。「道」是虛無的，正因為它是虛無的，所以可以變化成所有看得見的東西，變化成所有很具體的東西，這就是「道」的特殊之處。所以老子說「道」實在是太「大」了！

老子又告訴我們：「道」，既沒有形狀，也沒有聲音，看不見，摸不著，既無法用言語來形容它，也不能用五官來感覺它。既然這個「道」，眼睛看不見，耳朵聽不到，鼻子嗅不著，嘴巴說不出，那麼，我們該用什麼方法來瞭解它、認知它呢？

要瞭解「道」，不妨靜下心來，求之以「神」。這個「神」，並不是指外來的主宰，而是你必須用「感應」來瞭解「道」。因為「神」，就是用來「感應」的。我們常說：「我曾神遊哪個地方」、「我跟某人神交已久」，所謂的「神遊」、「神交」，所憑藉的方法，就是彼此之間的「感應」。

老子在《道德經》第十四章說：「其上不皦，其下不昧」。「皦」是光明的意思，「昧」是昏暗的意思。「其上」和「其下」怎麼分？「其上」是指「道的本身」，「其下」是指「道的化身」。「道」本身沒有光亮，看不見也摸不著；然而，當它化為萬物時，一切又很具體，看得見也摸得著。「其上」與「其下」，構成了「道」的整體。

「道」光明嗎？它沒有光明，因為如果真的是一片光明，你就會看得見了；「道」昏暗嗎？它也並不昏暗，因為一旦它顯現出來，又是非常光明的。所以，道的「其上」與「其下」，也就是《易經》中的「陰」與「陽」。「一陰一陽之謂道」，既有「隱」的部分，就有「顯」的部分；既有看得見的部分，就有看不見的部分；既有摸得著的部分，就有摸不著的部分。「視之不見」，就是不光亮，但是萬物卻是因為它而可見的。換言之，萬物如果沒有「道」，就看不見；萬物有「道」，所以你就能看出這是什麼、那是什麼，區分得清清楚楚的。

老子接下來的說法更玄妙：「繩繩不可名，復歸於無物」。「繩繩」是無邊無際，「不可名」是不可名狀。它無邊無際，無法形容、說明，到最後又還原到不具任何形象的「道」，也就是「混沌」。「混沌」是什麼？就是你說它沒有，它有；你說它有，它沒有。「道」就是這個樣子，你說什麼，它就是什麼；你要什麼，它就生成什麼。沒有「道」，哪裡有電燈？沒有「道」，哪裡有高樓大廈？沒有「道」，哪裡有橋樑？

「道」無邊無際，但它卻是萬物共同的歸宿。電燈不見了、高樓大廈不見了、橋樑不見了，它們最後到哪裡去了呢？它們是回到「道」那裡去了。水果會爛掉，人類會死去，即使再寶貴的東西，最後不全都是回歸於無嗎？回歸到「道」那裡去，然後，「道」又生出萬物，萬物又復歸於「道」——一方面是回歸到原來的地方，一方面是生生而不息，這就叫做「循環往復」，也正是《易經》的道理。

《易經》的道理告訴我們：否極泰來、物極必反，任何事物都是循環往復的。老子的《道德經》則進一步指出：任何事物都是從無到有，又從有到無，這是大自然的基本規律。如果說《易經》是中國哲學思想的泉源，老子的《道德經》就是對《易經》最深刻的詮釋。那麼老子通過這種詮釋，想告訴我們什麼呢？

老子用這種方式告訴我們，世界為什麼是這樣子運作的。因為「道」是宇宙不變的規律，而人是自然的一部分，就必須要接受這樣的一個規約，也就是要按照「道」的軌道，遵循「道」的方式，如此就能平平安安地過一輩子。你該怎麼樣，就怎麼樣。因為人是離不開「道」的。

老子在《道德經》第四十二章，說了一段我們非常熟悉的話：「道生一，一生二，二生三，三生萬物」。「道」，原本是混沌狀態，無邊無際，渾然一體的。可是這種形狀、狀態，是可以被打破的，也就是所謂的「開天闢地」，西方人稱之為 Big Bang（大爆炸）。大爆炸以後，從原本混沌的狀態中，就生成出各種不同形體的物種。而這樣的過程，就叫做「創生」或「演化」。

萬物都是由「道」所生，可是「道」在生成萬物後，卻依然存在，這是比較特殊的。這點是老子思想中的重要關鍵。「道」不但生成萬物，而且是萬物運行時所不可離開的法則。「道」的本質是什麼？老子在《道德經》第三十四章特別說明：「大道氾兮，其可左右。萬物恃之而生而不辭，功成而不有，衣養萬物而不為主。」大道是泛濫流行、無所不在的。它可以左，也可以右，無遠弗屆，無所不至。萬物都是秉持「道」所生成的，但是「道」生養萬物卻不居功、不主宰，而是讓萬物順其自然本性，該怎麼樣，就怎麼樣。每個人都要循自己的道，至於是不是有所「得」，也是自己的事，「道」並不干預。換句話說，「道」只是指出方向、顯示規律，藉此，你可以自由自在的做你自己。

這就告訴我們，老子並沒有主宰的觀念。他沒有說「道」在主宰誰、天在主宰誰。老子也不主張教條，他只是告訴我們要順其自然、各行其道，我覺得這一點很值得學習。所以，我們應該透過實踐，去走出自己的路。

> 老子藉由《道德經》告訴我們：「道」雖然生出萬物，又存在於萬物之中，但它不會主宰任何事物，因為「道」，只是宇宙自然中的基本規律，能不能認知這個規律，是一個人的修行；要不要遵循這個規律，是一個人的選擇。但是，我們如何才能看出，自己是否已經依「道」而行了呢？

我們怎樣才能看出萬物之中的「道」呢？第一：提醒自己一切都是身外之物。每個人生下來時，都是光溜溜的，一件衣服也沒有帶。我們的身體髮膚，全都是受之於父母。我本來是一無所有，然後從惚惚恍恍、一無所有的狀態中，逐漸開始擁有。然而，這些後天所逐漸擁有的，既是生不帶來，亦是死不帶去，不過都是身外之物。就連身體，也是身外之物。

第二：客觀地瞭解事物的本性。人只有在認知到一切皆是身外之物的前提下，才能放下我執，能夠以冷靜的情緒，抵制欲望的引誘，不被外界物質、名利所誘惑。此時，事物的真相，就比較容易如實地顯現出來。因為我們一般人都很主觀，總是戴著有色眼鏡，並且用自己的想法去看待事物，這是不正確的。所以，人必須經常提醒自己，要以冷靜、客觀、公正的心態去看待事物，這就叫做「道心」。以「道」的能量，指引我們瞭解事物的本性，如此一來，我們就能用合理的心態，去面對、處理世間一切事物。

第三：享受過程，不要計較結果。當事情處理完之後，我們要再一次提醒自己——我原本無一物。沒有什麼利害關係，得到就是得到，沒有得到就沒有得到。我的就是我的，給別人也是給別人的。如此一來，我就能心平氣和。有必要去生氣、爭執嗎？有必要採取各種手段明爭暗鬥嗎？沒有必要。因為不論什麼結果，你都是可以接受的，順其自然就好。

我們生來是為了享受過程，而不是為了得到特定的結果。就好比一件美輪美奐的珠寶，只要你欣賞過了，就已經足夠。至於它最終被誰買去、放在哪裡，有必要那麼計較嗎？如果你買回家去，很可能讓自己寢不眠、食不安，還不如放在別人家裡，反倒輕鬆自在。為什麼最珍貴的珠寶，最後並不會放在任何人家裡，都是放在博物館的櫃子裡，就是這個道理。

說到這裡，我們基本上已經明白，「道」就是宇宙自然中的基本規律，而這個規律就是從無到有，再從有到無，循環往復，以至無窮。所以，無論是我們的人生，還是生活中的具體事物，應該重視的是過程，而不是結果。此外，對於「道」的認知，我們還應該注意些什麼呢？

如果從「道」的立場來看，它是在生養萬物；可是從萬物的角度來看，我們都在依從「道」的規律，這就叫做「一體兩面」。「道」是一種法則，也是生命之源。如果「道」只生不育，讓萬物各自走各自的路，天下豈不大亂了？「道」既是生育萬物，卻又不會離棄萬物，始終如影隨行，依附著萬物。人們經常都是在不知不覺的情況下依「道」而行，這是好事。

一個人如果學了太多「不知道」的知識，反而容易離經叛道，破壞「道」的本質，違反「道」的規律，所以老子才會主張「絕聖棄智」、「絕學無憂」（《道德經》第十九～二十章），以免人們把所學來的知識，用在離經叛道、傷天害理的方面，反而對社會人群造成危害，還不如不學。

那麼，「道」的法則是什麼？如果只說「道」是混沌的、是惟恍惟惚的、是很難講的，那麼，任誰也聽不懂「道」究竟為何。所以，老子在很難言說的情況下，還是勉力而為，設法把「道」的法則加以解說，實在是用心良苦。

「道」的法則，按照老子的意思，可歸結為「反者道之動，弱者道之用」（《道德經》第四十章）這兩句話。「道」是靠運動的方式產生萬物，但特別的是，「道」的作用是「弱」而不是「強」。世人普遍認為，唯有強者才能勝出，但老子卻主張「柔弱勝剛強」。而「動」與「用」，則是「道」的兩個層面，我們會逐一進行分析。

下一章，將會詳細解說「反者道之動」到底是什麼意思。

天下皆知美之為美，斯惡已；

皆知善之為善，斯不善已。

故有無相生，

難易相成，

長短相形，

高下相傾，

音聲相和，

前後相隨。

道德經的奧祕

第六章

反者道之動

第六章

反者道之動

被人們認為玄而又玄的「道」，其實就是宇宙自然發展的基本規律。我們透過觀察就可以發現，無論是自然界的春夏秋冬，還是人類自身的生老病死，花開花落、月圓月缺，盛極必衰、朝代更替，普天之下所有的事物，無一不是在循環往復的歷程之中。那麼，認知這種自然規律，能對我們的人生發揮什麼重要作用呢？而《道德經》中的「反者道之動」，又蘊含著什麼樣的道理呢？

小孩子為什麼敢盪鞦韆？因為他知道，只要盪上去之後，肯定還會再盪下來。如果一盪上去，就再也下不來，直接甩到天上去，你就是給他吃再多的糖，再怎麼哄騙他，他也是不會去盪的。

《易經》告訴我們「物極必反」。一般人聽到「物極必反」這四個字，可能還無法意會，所以老子就直接了當地說「反者道之動」（《道德經》第四十章）——「道」是要動的，如果道不動，它就沒有作用。但是「道」要怎麼動呢？是用「反」的方式來動。

世間的一切，幾乎都是朝壞的方向運動，例如，人愈活愈老。只要是人，就會希望愈活愈年輕，但就是做不到，因為這就是「道」，是生命的法則。制度剛開始運作時非常有效，可是過了一段時間之後，就漸漸失效了。所有的東西，都是愈來愈陳舊，這就是「反者道之動」。但是這個「反」字，一共有三層意義，我們一定要搞清楚。

「反」的第一層意義是「返」，返回原點。我們為什麼很少說「始終」，多半講「終始」？就是因為我們心中懷有期待，希望結束就意味著開始，這樣的結束才有意義。「返」是「道」之所以「動」的根本原因，這是老子非常重視的關鍵字。

另外兩層意義，都是在解釋「反」的現象。其一，物極必反。事物的發展，都是從正面發展到反面，舉例：如果你不愛一個人，你會恨他嗎？你沒有理由恨他。你就是因為愛他，所以才會恨他。因愛生恨，這種現象就是由正面發展到反面。其二，相反相成。對此，一般人是不太瞭解的，因為大家都認為相反就相反，怎麼會相成呢？相反會相成，是因為陰陽互補。只有陽，那就太高亢了，要用陰來補；只有陰，那又太陰柔了，沒有活力，要用陽來補。所以說陰陽是相反的，但它們可以互補，使彼此發揮更好的作用。每件事都是一體兩面的，應該兩面都照顧到，而不要只看到一面。

「反」字有三層涵義，無論是返回原點、物極必反，還是相反相成，其實都是自然發展的基本規律。這個規律表明，宇宙中萬事萬物的變化，都是無盡地循環往復，但是「反」和「道」之間，又是什麼樣的關係呢？

老子所說的「反者道之動」，能帶給我們以下幾種啟示：

第一，動與靜相對。動是必要的，就像人不能不動，如果你躺在床上，時間久了，就會感到渾身酸痛，想要下床走動一下，這都是大家非常熟悉的經驗。我們常問對方「你行不行？」這是因為「道」是要用來「行」的，我們都是來「行道」的。如果不「動」的話，就沒有變化。一旦沒有變化，萬物就無法生長，這個道理非常簡單。動，是生生不息的泉源。

第二，道以動為主。「動」是「道」的主體，凡是主體，就不能變。天底下，沒有一件事情不在變化，但是「動」是永遠不會變的，沒有一件事情不在動。雖然它會愈走愈遠，但是到了極點的時候，一定會返回，回復到原來的樣子。

第三，變化是自然的。生活雖然需要規律，但仍然可以有一點變化、有一點彈性。大自然有一個周而復始的規律，但並不是完全依循著固定的軌道。好比一年之中，有春夏秋冬四季，有時春天比較長，有時夏天比較長，有時又好像秋天比較長，它還是有點變化、彈性的。雖然季節交替的次序不變，但時間的長短卻有些差別。由此觀之，循環往復的變化是非常自然的，並不刻板。

老子在《道德經》第二十五章裡，說了這麼一段話：「吾不知其名，字之曰道，強為之名曰大。大曰逝，逝曰遠，遠曰反」。「大」是什麼意思呢？「大」就是「逝」，就是「行動」。用「逝」來說明「大」，意即大到沒有邊際。「道」在運動，但是運動的邊界在什麼地方，誰也不知道。「逝曰遠」，這個「遠」就是我們現在所講的「極」的意思。有一句口頭禪「無所不用其極」，意思就是說，把任何事情都做到極致，最後卻是自討苦吃。因為到了極點之後，「道」就會慢慢地由極點反復，這就叫做「遠曰反」，意思就是開始走回頭路了。如果你從地球上的某一點出發，一直朝著同一個方向走，最後一定會回到原點，因為地球是圓的。

「反者道之動」就是告訴我們，無論什麼事物，當它發展到極點時，一定會朝相反的方向發展，這就是宇宙自然發展的基本規律。老子認為，人類也是自然中的一部分，所以人類社會的發展規律，與大自然的發展規律是相通的，真的是這樣的嗎？

在不同時期，會流行不同款式的皮鞋，就是一個很明顯的例子。早期的皮鞋，都是流行圓頭款式的，但一段時間後，開始有人覺得圓頭皮鞋太普遍，無法表現出自己的個性，於是漸漸地流行起尖頭皮鞋。在尖頭皮鞋流行了一段時間後，變成平頭皮鞋，再過一段時間，又慢慢變回圓頭皮鞋，這就是一個反復循環的變化過程。舉凡萬事萬物，都有一定的共性，稱為「本體」，也有一定的差異性，稱為「現象」。「本體」是不變的，但「現象」會不斷地變化。

中國的科舉制度立意良好，以考試方式舉賢，在拔擢優秀人才方面，發揮了巨大的功效。可是經過長時間的變遷後，尤其到了明清時代，就已經失去原本的作用，變成禁錮思想的工具。很多讀書人為了通過科舉考試，就選擇性地只讀那幾本考試規定用書，其他的書全都放棄不讀了。最後，那些金榜題名的舉人，全淪為百無一用的書生。

舉凡制度，必然有其漏洞。一旦這些漏洞被人掌握並加以利用，再好的制度，也都無法發揮作用了。至於哪一種制度比較好，答案是不一定。因為所謂制度，在推行之初，大多效果良好，但隨著時間經過，就會愈來愈不管用。就好比上述科舉制度，一旦發展到了極致，被掌握的漏洞愈來愈多，就逐漸地失去其效應，這就叫做「反者道之動」——制度愈來愈沒有效果，方法愈來愈不靈光，方式漏洞愈來愈多。

在現實社會中，我們也經常可以看到一個新推出的政策或措施，剛開始實行時往往立竿見影、效果顯著。然而，無論多麼良好的政策或措施，都無法永遠行之有效，這似乎是一個不可避免的規律。既然如此，那又該怎麼辦呢？

如果我是孩子的舅舅，當我寫信給他時，一定會稱呼自己為「愚舅」，意指「我這個舅舅很笨」。

為什麼要這樣做呢？就是「反者道之動」所帶來的啟示。老子在《道德經》第四十二章寫了這麼一段話：「人之所惡，唯孤、寡、不穀，而王公以為稱。」平常我們一聽到「孤」、「寡」，就會覺得很淒慘，沒有人會希望將這種字眼套用在自己身上。然而，一旦君王自稱「孤」，反而可以「不孤」；稱自己是「寡人」，就可以「不寡」；一個人說自己「不穀」，就可以變得「穀」（「穀」意指「善」）；謙稱自己愚笨，就意味著這個人很聰明……這種例子比比皆是，隨處可見。所以，一個人為什麼要謙虛，為什麼不能自大，就是這個道理。

中國歷代君王，都是坐在正殿之上，享受著被群臣高呼：「吾王萬歲萬萬歲」的快感，其實這全都是假的，只是作戲而已！當臣子高喊「萬歲」的當下，個個心知肚明，吾皇肯定是不能夠「萬歲」的。當皇帝被喊「萬歲」的時候，就是說明他已經走到極點了，最終必然會物極必反、樂極生悲的。「反者道之動」的道理，在任何地方都可以得到印證。

《道德經》第二十三章說：「飄風不終朝，驟雨不終日」。「朝」，是一朝一夕的意思。「驟雨不終日」，意指暴雨不可能整天整夜地下個不停。一般來說，疾風暴雨都是很短暫的。可是大家或許會認為，現在暴雨一下就是一整天，高速公路瞬間就變成河流，不是嗎？話雖如此，但這是非常態，不是常態。如果是常態，人就不用活了。所以，「道可道非常道」告訴我們：「道」，有「常道」，就有「非常道」。飄風終朝、驟雨終日，這是氣候異常，也就是反常，並非常態。「道」是千變萬化的，但它始終不失其為「道」。否則，一味求變，變到最後，連「道」都不見了，那還叫做什麼「道」？所以，過分地求新求變，是非常可怕的觀念。

現代社會的特點就是變化多端。很多人覺得，求新求變，代表著社會的進步，無論是生活方式，還是服裝打扮，愈是怪異就愈是新潮。然而，為什麼曾教授認為求新求變是一種非常可怕的觀念呢？而我們又該如何看待這千變萬化的現代社會呢？

《道德經》第十六章說：「萬物並作，吾以觀復」。萬物是變化多端的，繁複到讓人眼花繚亂，讓人不禁感歎這世界怎麼會有那麼多變化，怎麼會是如此的錯綜複雜呢？但老子說：「吾以觀復」，意思就是告訴我們：不要急，仔細看就會發現，所有的東西，最後統統都會回歸到原點。高樓大廈，最後都是被夷為平地的；風雲人物，最後還是要回歸塵土的。「吾以觀復」的「復」，就是回歸原本的根源。

老子接著又說：「夫物芸芸，各復歸其根。」這裡的「芸芸」意指繁多。宇宙繁多的萬物，最後都是「復歸其根」，統統回歸到它原來的起點，也就是根本、根源所在。宇宙萬物，都在不停地運動。然而，它們是怎麼運動的呢？老子說，是從一種叫做「惚恍」的狀態，經過一連串漫長的變化後，最終又復歸到原先「恍惚」的狀態，這就叫做「出自混沌，復歸混沌」。

所以，《道德經》第二十八章用四個字來表達，就是「復歸於樸」。我們今天常常講「返璞歸真」，就是說萬物剛開始都是從「樸」的狀態發散出去，從「混沌」中發散開來，但是不管再怎麼產生變化，最後終歸要回到原始的狀態，也就是混沌的狀態。人之將生，是慢慢從混沌中逐漸開啟秉性和智慧的；人之將死，又開始慢慢地迷糊了，最後昏昏沉沉，反反復復，就表示他要回去了。

常言道：人從泥土中來，又回到泥土中去。所以，人根本用不著怕死，只不過是回到自己的老家，怕什麼呢？萬物都是「道」所生、「道」所賦，並沒有選擇的意願，因為它們都是不得不如此的。「道」始終不會離開你，你也終生離不開它，即使到了臨終之時，也沒有辦法死而離道。

我們閱讀經典，不是要站在反對的立場來批評它，而是要以「反者道之動」的觀點來調整自己。可是，在調整的過程中，我們有可能會愈走愈急、愈走愈「反」，最後連自己都搞不清楚究竟是「反」到哪裡去了。因此，這次我們重新閱讀《道德經》，首要之務就是正本清源，讓自己返歸老子原來的道路。如此，才能真正發揮閱讀《道德經》的功用，並透過閱讀來調整自己的身心。

> 人們之所以會覺得《道德經》深奧難懂，一方面是因為年代久遠，古漢語和現代語言有了很大的變化。另一方面，是因為隨著時代的變遷，許多古聖先賢的思想被扭曲、誤解了。那麼，在中華文化復興的今日，我們究竟該朝什麼方向努力，才能回歸原點，真正讀懂《道德經》呢？

《道德經》第七十一章有這樣的一段話：「知不知，上；不知知，病」。意思是說：雖然我已經知道大道了，但是我還是要保留一點。為什麼？因為我畢竟沒有把大道完全瞭解，而且大道也是無法完全瞭解的。如果你知道自己永遠有些不知道的東西，你就是上等人，就是最高明的人。而「不知知，病」是什麼意思？「病」意即「缺失」。我不知道大道，但是我偏偏認為我知道，然後還到處炫耀，這就叫做「病」。

老子接著說：「夫唯病病，是以不病。聖人不病，以其病病，是以不病。」聖人為什麼沒有這種毛病？因為聖人把這種毛病，當做一種毛病來看待，時刻提防它、戒備它。而一般人卻認為這種毛病不是毛病，所以常常犯錯，問題就出在這裡。聖人知道，即使大家都說我很懂，我還是不太懂，這樣我就不會犯毛病了。可是，一般人卻會因為學得一點點知識，就沾沾自喜，認為自己高人一等，所以必然產生毛病。

老子的書，不容易讀，因為他的話是有轉折的。就像「知不知」、「不知知」，你真的不知道他在講什麼。炎黃子孫，尤其是讀書人，偏偏有三大毛病，第一：常把經典讀錯了。第二，常批評經典。第三，

常望文生義。我們很少能夠反復思考，很少能夠想得很深入。老子對我們最大的期望，不是「悟」，而是「明」。我們常講：「我明白了！」這就是老子的主張。「明白」的人，才是最高明的人。你「明白」了，就不得了。如果你知道這就是我的毛病，那就沒有毛病了。如果你偏偏說：「這不是我的毛病」，那麻煩就大了，就自以為是了。自以為是的人，最後都是既害人又害己。

有人讀了《道德經》，就認為老子是個陰謀家。「反者道之動」，豈不是可以理解為：你要追一個人，不用在後面拼命追，拐個彎在前面等他，他遲早會被你逮到——這不是陰謀是什麼？如果老子只是單純的陰謀家，我們還要學《道德經》嗎？然而，若說老子不是陰謀家，道理又何在呢？

所以，我們必須把這個問題好好研究一番。接下來，我們就要一起討論：老子到底是不是陰謀家？

道可道，非常道；
名可名，非常名。
無名天地之始；
有名萬物之母。
故常無欲，以觀其妙；
常有欲，以觀其徼。
此兩者，同出而異名，
同謂之玄。
玄之又玄，
眾妙之門。

道德經 的奧祕

第七章

智慧與陰謀

第七章

智慧與陰謀

《道德經》中說「將欲歙之，必固張之……將欲奪之，必固與之」，意思是：想要收合它，必須要先使它擴張；想要奪取他，就必須先給予他。有人說，這是一種人生的大智慧，但也有人認為，這完全是一種陰謀詭計。為什麼同樣一部經典，不同的人，會讀出完全不同的感覺？智慧與陰謀的根本區別在哪裡？我們又該如何正確理解老子的思想呢？

為什麼常有人會覺得老子是陰謀家？主要是因為老子在《道德經》第三十六章裡說了這麼一段話：「將欲歙之，必固張之；將欲弱之，必固強之；將欲廢之，必固舉之；將欲奪之，必固與之，是謂微明」。

「將欲歙之，必固張之」，就好比一個人閉著嘴巴，要強迫他張開是很難的。但是，如果他張大著嘴巴，過不了多久，嘴巴酸了，就會自動閉起來。所以想讓一個東西收縮，最好的方法是先使它張大。「將欲弱之，必固強之」，想要將它變弱，一定要先使它增強。一個人如果想把自己的身體搞垮，第一步就是拼命吃，吃到最後，體重增加了，身材看起來很魁梧，實際上，體內五臟六腑已經慢慢敗壞了。

「將欲廢之，必固舉之」，你要把一個東西廢棄掉，就先把它舉得高高的，讓所有人都能看到。大家一看，心想：這麼糟糕的東西，怎麼能放在這裡呢？把它丟掉！這不就達到你的目的了嗎？「將欲奪之，必固與之」，你要奪取一個人的東西時，就先給他一些甜頭，等到他貪得無厭，到處要東要西，搞得人神共憤的時候，你再去搶奪他，這時，眾人不但不覺得你的作為不正當，甚至還會表彰你，認為你是為民除害。

如果我們這樣去解釋老子的話，很多人都會認為這是陰謀詭計，挖個陷阱讓別人往下跳。但重要的是，老子真的是這個意思嗎？《道德經》的書名，已經很清楚的告訴我們，老子真正的意思並不是這樣。「道德」，是老子永遠不變的主張。一個主張道德的人，怎麼會耍陰謀呢？可是大家會覺得，鐵的證據就擺在這裡，老子自己寫的話，難道還有假嗎？的確，話是老子寫的，問題在於後人把它解釋錯了！歷史上有許多經典被隨意曲解、誤植，甚至篡改，這種事情比比皆是。

由於人們的望文生義，不求甚解，經常會在有意或無意間，錯誤地解讀經典，導致現代人不僅對老子，甚至對中國傳統文化的誤解。那麼，老子的這段話，其真實的涵義究竟為何？

老子的這幾句話，並不是要我們去愚弄別人、虛張聲勢、故弄玄虛，他只是很平實地告訴我們「柔弱勝剛強」的道理。凡是弱的，終會變強；凡是強的，終會變弱。宇宙是動的，不是靜的。一切都是處於變動之中。你現在看他是個小孩子，不久後他就長大了；你現在看他有權有勢，很快就被剝奪掉了，這就叫做「風水輪流轉」。天底下沒有不變的、固定的東西。為什麼說「富不過三代？」為什麼說「英雄不怕出身低？」為什麼說「好漢不提當年勇？」就是因為事過境遷，再去提它也沒有用了！環境一改變，整個形勢就完全不一樣了。

老子只是在闡述這個道理。他認為，這只是一種自然變化的規律而已，如果有心人把它視為陰謀詭計，那是他自己的事情。所以，我們要觀察行為背後的動機，把動機和行為參照比對。同樣一種行為，若是動機不單純，就是耍陰謀。如果只是闡述循環往復的道理，那就是一種自然現象。這是看的人的問題，而不是老子的話的問題。

中國人有句口頭禪「三十年河東，三十年河西」，為什麼河會改道，是有人故意在惡作劇嗎？當然不是。人哪有那麼大的力量、那麼多的精力，能輕易地使一條河流改道呢？歷史上，黃河改道的記錄不勝枚舉，為什麼會這樣？因為這是大勢所趨、莫之能擋。

所以老子用這些「歙張」、「弱強」、「廢舉」、「奪與」等對立概念的詞彙相互轉化，來提醒大家要見微知著——只要看到細微徵兆，立刻就能推測出它的必然結果，然後順勢而為，這就是自然。

這門學問發展到現代，演變成所謂的「未來學」、「趨勢學」、「預測學」等等。其實整個學說的基礎，就是源自於老子的這幾句話。然而古往今來，這幾句話曾被很多人曲解，做為自己耍陰謀、搞奸詐的擋箭牌。「道」，是自然存在的，它並不干涉任何人的行為。你把它視為自然趨勢，凡事順勢而為，就能得到預期的效果。反之，若是背道而馳，到頭來，還是必須要為自己的所做所為負起完全責任，後果是由自己承擔，可謂自作自受。這些跟「道」本身，並沒有什麼關係。

道，就是大自然的基本規律。老子透過《道德經》告訴人們，掌握自然規律，並且順勢而為，就是人生的大智慧。「智慧」與「陰謀」的區別，就在於同樣的道理，究竟是什麼人來用、用於什麼樣的目的。

千萬不要因為有人把老子的話，運用在權謀算計方面，就把賬算在老子頭上，這是不公平的。為了引誘敵人進攻而隱藏自己的強大，故意以柔弱的一面示人，這是在戰爭中經常會運用到的戰術。此外，聲東擊西、欲擒故縱、暗渡陳倉……這些兵法策略我們也都耳熟能詳。「道」的規律原本如此，至於人要怎麼利用它，「道」並不多加制約，完全是由人自己做決定，擁有相當程度的自由。只要合乎道，多半都是行得通的；若是違背道，後果通常很糟糕。

《道德經》第六十八章裡有這麼一段話：「善為士者，不武；善戰者，不怒；善勝敵者，不與」。「士」就是將帥。一個好的將帥是愛好道德，不崇尚武力的。現今很多國家，擔任其國防部長職位的，通常都不是軍人而是文人。因為軍人的職責是以武力保衛國家，如果國防部長為文人出身，就能傳達出我們只是防衛，並不想動用武力，也沒有對其他國家造成威脅或進行攻擊的念頭，而這就是《道德經》的道理，能夠適用於全球的一個明證。一個善於擔任將帥者，必然是愛好道德的，一旦遭遇衝突時，會盡可能以和平的方式來解決爭端，不會輕率地動用武力，若能有此認知和修養，才是全體人類的福氣。

「善戰者，不怒」，凡是很會打仗的人，不會輕易被敵人激怒。敵人往往會設法激怒你，讓你失去理智，讓你手忙腳亂，一旦開戰，你就輸定了。「不怒」不是不發怒，人怎麼可能不發怒呢？「不怒」是指不輕易發怒。而「善勝敵者，不與」，是說比較有把握打勝仗的人，不會跟敵人正面交鋒。

三國時代的司馬懿，就是一個很好的例子。只要諸葛亮出兵，他就堅守不出。因為他心知肚明，自己並非諸葛亮的對手，又何必去送死呢？只要不出戰，即使贏不了，也不會敗。所以，縱然諸葛亮想盡辦法激怒他，他就是發怒；就算諸葛亮送來女人的衣服，他穿上便是了——如此一來，即使有如神仙在世的諸葛亮，又能奈司馬懿何？

日本華僑吳清源，是一位著名的圍棋大師，有「昭和棋聖」的稱譽。有一次，錢穆教授和他餐敘，席間就向他請教：「您這麼會下圍棋，有沒有一套辦法，是可以永遠不敗的？」吳大師也是懂得《道德經》的，他回答：「沒有這種事情，因為每盤棋的局勢都是變化莫測，怎麼可能有把握永遠不敗呢？」想不到，錢穆教授說：「我有一套本事，能保證永遠不會輸。」吳大師很好奇，立刻就問：「你有什麼辦法呢？」

錢穆教授是著名的國學家，有著高深的傳統文化修養，但他並不是下圍棋的高手。那麼，錢穆教授有什麼高招，能夠保證不輸呢？而這個方法和《道德經》之間，又有著什麼樣的關聯性呢？

錢穆教授只講了兩個字：「不下」——我不跟你下，怎麼會輸呢？一個人如果老是要和別人競爭，難道每次都有必勝的把握嗎？沒有。因為太多因素，都不是自己所能控制的。「善勝敵者，不與」，如果對方要來攻打我，必然已經做好充足的準備、有必勝的把握以及高昂的士氣。此時，我為什麼要迎戰呢？我可以選擇「不與」，不正面交鋒，等到對手「一鼓作氣，再而衰，三而竭」的有利時機，再一舉將對方逐出，這樣不是更輕鬆愉快嗎？

全世界那麼多的兵書，為什麼就數《孫子兵法》最了不起？因為這是一本不鼓勵戰爭的書，其中有許多主張，都和老子不謀而合。孫子是不求勝的，只求不敗。所以，中華民族愛好和平，從《孫子兵法》中就可以得到驗證。

《道德經》第六十九章寫著：「用兵有言，吾不敢為主，而為客」。自古以來，領軍用兵有個訓言「我不主動挑戰，只是被動應戰」，意思就是「人不犯我，我不犯人」。然而，若是別人來犯我，我是不是一定要犯他呢？那也不一定。因為下面還有一句話：「不敢進寸，而退尺」，我不願意因為逞強寸進，而擴大戰禍，寧可稍微退讓一點，以求盡早消弭戰爭。可見，打仗並不一定要逼得敵人無路可走，那樣只會迫使對方狗急跳牆，背水一戰，說不定最後就玉石俱焚，同歸於盡了。這種案例，在歷史上相當常見。如果稍微退步避讓，就能消弭戰爭，那麼退讓，也不失為良好的解決之道。

《道德經》第三十一章講的更清楚：「夫佳兵者，不祥之器，物或惡之，故有道者不處」。銳利的兵器是不祥之物，人人都厭惡，只有在不得已的情況下，才可以動用它。動不動就要打仗，是萬萬不可為之的。因此，老子認為戰爭就是凶事，而且即使打勝仗了，也要當做喪禮來處置，絕對不可以耀武揚威，否則就是為日後種下惡果。

中國人習慣稱自己是「東方不敗」，在戰爭中所使用的各種方法，只是求「不敗」而已。日本人則喜歡稱自己是「東方必勝」，萬一失敗，甚至可能切腹自殺以謝罪。可見，中華民族是一個愛好和平的民族。但也有人質疑，在中國的兵法中，常常會採用「以退為進」的手段，這算不算是種陰謀呢？

以「退」為「進」，用「不爭」來「爭」，這樣的做法到底好不好？答案已經很清楚了，就是要先檢視行為背後的「動機」為何。如果退讓，是為了引誘對方進攻，然後趁機把敵人一舉殲滅，這樣就是不對的。如果退讓，是希望大家都能各退一步，海闊天空，和平解決爭端，這樣就是好事情。

如果內心想要「爭」，但卻假裝「不爭」，表裡不一，那就是權謀算計。如果我不爭，你也不爭，大家都不爭，自然就會你讓我、我讓你，讓來讓去，最後讓給了一位最適合的人，讓出了一個最合理的解決辦法，順勢而為，自自然然，當然就是好事一樁。

因此，道理只有一個，但實際運用起來卻是千變萬化，主要是因為人心不同，每個人的修養、認知、處境、立場都不相同。所以，如何把老子的學說用得順乎自然，才是上等智慧的展現。同樣一句話，不同的人來解讀它，會有不同的感覺。德國哲學家黑格爾也曾說過：對同一句格言，年輕人所理解的意義，總不如飽經風霜的老年人所理解的廣泛和深刻。同樣一部《易經》，讀出很多君子，也讀出很多小人。《道德經》也是一樣，每個人的心思不同，觀點不一樣，結果就會有很大的差異。

宇宙萬物有「正」的一面，就有「反」的一面，這就是《易經》所講的「一陰一陽之謂道」。但重要的是，這「正」、「反」兩面，是隨時都在變化的。陰會變陽，陽會變陰。但是在這變化當中，有一個永恆不變的法則，那就是所有強大的東西，最後都會被摧毀掉、淘汰掉。雄偉的萬里長城，在建造之初曾是那麼牢固，但經過歲月的洗禮後，也終究要逐漸剝落消蝕。「柔弱勝剛強」是老子從萬事萬物中所體會出的道理，所以中國人常常講一句話：「你神氣，看你神氣到幾時！」就是這個道理的應用。

老子生活在中國歷史上的春秋時期，當時周朝的統治已經名存實亡，中原大地諸侯割據、列強爭霸。此時，眾多的治國理論應運而生，形成了歷史上著名的諸子百家。代表道家的老子，並沒有提出任何具體的治國對策，反而是用許多自然現象告訴人們「柔弱勝剛強」的道理，究竟其用意何在呢？

眼看他起高樓，眼看他宴賓客，眼看他樓塌了；好不容易盼到中秋月圓，第二天晚上，月亮就開始不圓了。老子引用這些自然現象，用意是在提醒我們：人類所喜歡的東西，不見得是正確的。每個人都喜歡剛強，可是卻萬萬想不到，剛強最後全都敗給了一個共同的敵人——柔弱。我們經常說「以柔克剛」，但是這句話，大多只是掛在嘴上，很少有人進一步去思考它。

老子把「以柔克剛」、「物極必反」、「柔弱勝剛強」等道理，全部濃縮總結成一句話，叫做「弱者道之用」。「道」的用途是什麼？就是使剛強的變成柔弱。有人說，這樣「道」不是很糟糕嗎？當然不是。人不可能遠離「道」，一個人如果一直剛強下去，就會離「道」愈來愈遠，這時，唯有逐漸趨於柔弱，才能再度返回原點。當你從兒童到青年，從青年到壯年，再從壯年到老年，這時就要明白，最終

還是要回歸原點的。用通俗一點的說法，就叫做「死路一條」，而這就是「道」。任何東西，當它鮮豔無比的時候，你就知道它快要敗壞了；任何股票，一旦漲到高點，人人瘋狂搶進的時候，你就知道它快要跌停了。

一個人只要明白「弱者道之用」的道理，在人生旅途上，就能減少許多不必要的苦惱。所以下一章，我們要探討：什麼是弱者道之用？

道德經的奧祕

第八章 柔弱勝剛強

第八章

柔弱勝剛強

弱肉強食、物競天擇、優勝劣汰，似乎已經是現代人耳熟能詳的自然法則了。大自然中的萬事萬物，似乎都是強者生存、弱者淘汰，然而，老子對此卻有著完全不同的解釋。《道德經》告訴我們「弱者道之用」，意思是弱可勝強、柔能克剛。那麼，弱為什麼可以勝強？柔又是靠什麼克剛的呢？在這「柔弱勝剛強」的道理之中，究竟蘊含著什麼樣的人生智慧呢？

老子告訴我們：「反者道之動，弱者道之用」，它們是互為體用的。如果「道」不弱，就不能反；如果「道」要反，就非弱不可。從歷史中可得知，一個朝代為什麼會滅亡？就是因為它的國力慢慢衰弱了。如果一個朝代始終都很繁盛強大，會被推翻甚至於改朝換代嗎？不會。明朝就是因為內部先衰弱了，君主昏庸、宦官弄權、朝政紊亂、民變四起……才會讓山海關外的清軍有可乘之機。清朝建國之初，國力也很強大，可是到了末期，卻變得軟弱無比，使國家遭受英法聯軍之役、八國聯軍占領北京城等奇恥大辱，最後清朝就消失了。

值得我們深思的，是為什麼自然規律註定是由強變弱、從有到無、從存在變成消失呢？這個道理才重要。如果消失並非好事，那麼何不讓它永遠存在？如果消失才是好事，背後的道理又何在呢？

「道」，本來是混沌的，並沒有強弱、好壞、美醜、善惡之分，這些區別都不存在。《道德經》第十四章講的非常清楚：「是謂無狀之狀，無物之象，是謂惚恍」。若說「道」沒有形狀，它有形狀；若說「道」有形狀，還真看不到它的形狀。若說「道」裡面沒有物，它有物；若說「道」有物，其實它根本無形無象。為什麼「道」會是這般「沒有形狀的形狀」和「沒有物體的形象」呢？正是因為「道」是混沌的、陰陽不分的、混二為一的。但是，「道」如果永遠是混沌的，就無法產生萬物，整個宇宙也就不復存在了。

所以，「道」必須要「動」。只有「動」，才能打破這個混沌的狀態，才能從混沌的、混二為一、全無分別的狀態下解放出來，產生五彩繽紛的差異性世界。而這就是老子所講：「道生一，一生二，二生三，三生萬物」（《道德經》第四十二章）的演化歷程。「道」就是透過「動」的途徑，從而產生萬事萬物的。

「道」創造出萬事萬物，而人類卻自作聰明地加以區別，認定這個跟那個是不相同的。玫瑰花該長這樣子、月桂該長那樣子……因此，就把萬物區隔開來，給了它們很多名稱，但是這樣來反而糟糕了！

老子在《道德經》第二章中提到：「天下皆知美之為美，斯惡已；皆知善之為善，斯不善已」。意思是人們之所以會有「美」的概念，是因為頭腦裡已經先有了「醜」的觀念。為什麼「美」和「醜」就是相對的呢？如此一來，大家都愛美嫌醜，結果天下大亂，紛爭不止。人人為了爭美、爭寵而不擇手段，後果是社會亂了、人心變了，整個世界又怎麼會和諧呢？

俗話說，愛美之心人皆有之。在日常生活中，我們常常憑藉著感官，去區分哪些是真、善、美，哪些是假、惡、醜。而幾乎每一個人，都喜歡真、善、美，而厭棄假、惡、醜。但為什麼老子認為一旦有了真假、美醜之分，反而不是好事呢？

現代有許多人，內心很矛盾，只要幫助一個乞丐，給了他一點錢，就會開始感到後悔——也不知道他是真乞丐還是假乞丐？如果是真乞丐，那是做善事；如果是假乞丐，那自己不是很愚蠢嗎？就為了一點點錢，搞得自己胡思亂想，這不是自找麻煩嗎？所以，我們有了善惡之分以後，大家通通都往善的方向走，惡的地方盡量避開，這種情況下，就造成很多假的善。一個心懷不軌的人，為了達成自己的目的，就會刻意把自己偽裝成善良的人，用以欺世盜名。這種人就是偽君子，這種善就是偽善。

我們剛開始也許是出於好意，認為真假要區分清楚。但問題是：第一，我們沒有能力去分辨真假。第二，我們無法用一致性的標準進行區分。所以，為什麼《道德經》在第一章就開宗明義點出「道可道非常道」，就是因為「道」是玄妙的，是看不清楚、說不明白的。如果你要明白「道」，該怎麼做？不是靠讀書、背書就好，而是要從實踐當中去瞭解。我們可以從實踐中體會到：原本認為很美的東西，最後都是不美的，有了這樣的體悟與認知後，就不會再執著於對美的追求。

年輕人擇偶，經常會把外貌、年紀等條件擺在第一位。可是幾年之後，再美的人也不美了，再年輕的人也會漸漸老去，這就是「弱者道之用」的法則。體格很健壯、婚前檢查都沒有問題，但是等到身體一弱，什麼毛病都出來了。「道」就是如此，目的是希望人們不要再有這些自己騙自己的想法，這才是自然的規律。現代人卻經常不知何謂「道」，甚至「背道而馳」，這就糟糕了！

「道」是走反的路，而要走反的路，就必定要借助「弱」的力量。「道」本身並沒有偏私，不講權謀算計，沒有不良意圖，更不是要和萬事萬物過不去，它只是讓一切都能自自然然地運行發展。

大自然中的萬事萬物，都在不斷地發展變化之中，強可變弱、窮可變富，所以我們所追求的，和我們所得到的，也許正好是相反的。那麼，我們該如何判斷現實生活中的強弱、好壞、美醜？它們有真正的衡量標準嗎？

我們不能以一己之私，來評判所謂的強弱、好壞、美醜、善惡，因為標準是不可能一致的，如果一致那就更糟糕了！當所有的男生，都覺得某個女孩漂亮，全部一窩蜂地跑來追求，誓言此生非卿莫娶時，不但是讓女孩苦惱，所有男生也會很痛苦。所以俗話說「情人眼裡出西施」，即使別人覺得不漂亮，偏偏自己就是看得很順眼，這才合乎「道」，這才是自然。

更重要的是「反者道之動」，這些分別、差異，最後都會在「道」的運動中，一個個被消解。基於「弱者道之用」的法則，一個國家不可能總是強大，必然會有衰退的一日。從強大走向衰退，關鍵就在於「弱」。一個靠出口礦產發達起來的國家，只要資源被開採光，它就變弱了。由此可見，「道」的反向運動是必然的，同時也是自然的，藉由「弱」的力量，使萬物可以回歸原點，重新再出發。

老子在《道德經》第七十七章說：「天之道，其猶張弓與！高者抑之，下者舉之，有餘者損之，不足者補之」。這段話，是老子以「張弓」這個動作，來比喻天的道理——當你拉弓的時候，如果舉得太高，就要把它壓下來一點；如果舉得太低，就要把它抬高一些。上下左右，都要針對目標，做出適當的調整。因此，天道就是「損有餘以補不足」。然而現今社會，卻經常反其道而行，做出「損不足以補有餘」的事情，此舉已經違反天道，後果也只能自作自受。

天道就是大自然的規律，《道德經》正是根據自然的規律，告訴我們「弱者道之用」的法則。而我們在觀察自然時，常常可以看到動物世界中的弱肉強食，那麼在大自然中，究竟是「強者為大」，還是「柔弱勝剛強」呢？

我們也經常說「樹大招風」、「槍打出頭鳥」之類的話，可見到了今日還是如此。老子在《道德經》第四十二章說：「強梁者，不得其死。」個性剛暴的人，最後是不得善終的。為什麼？因為一定會有人比他更剛暴。我們常說「天外有天，人外有人」，就是這個道理。你認為自己最強，那是因為你不知道還有比你更強的人。一個人自詡武功天下第一，那些不服氣的人，肯定會紛紛找上門過招，遲早會有人把他打垮。

《道德經》第五十章講的非常清楚：「兕無所投其角，虎無所用其爪，兵無所容其刃」。「兕」就是犀牛。犀牛很凶猛，為什麼？因為牠的頭上有角。然而，如果沒有著力點，犀牛就無法施展本事了；老虎的爪子很厲害，然而，如果沒有東西可抓，爪子也是無用武之地；兵器相當鋒利，然而，如果根本找不到可以下手之處，即使兵器再鋒利又有何用？

老子的話啟示我們：看似剛強的，其實很脆弱；看似柔弱的，反而比較安全。大自然的萬事萬物，都可以印證這個法則。同樣一陣狂風颳起，柔弱的竹子隨風搖擺，並不會折斷；筆直的大樹則應聲倒地，被連根拔起，這就是老子所說的「堅強者死之徒，柔弱者生之徒」。

大自然的種種現象，告訴我們「柔弱可以勝剛強」的道理。而《道德經》正是從大自然的規律中，發現了人類社會的規律。那麼在現實生活中，這個「柔弱勝剛強」的道理，能帶給人們什麼樣的啟示和提醒呢？

剛踏入社會的新鮮人，最喜歡鋒芒畢露，這種心態是要吃大虧的。凡是自認高人一等的年輕人，最後很可能會出洋相、吃大虧。有些人本來就柔弱，卻偏偏要表現得很剛強；本來就不懂，偏偏要裝得很懂；本來資歷很淺，沒有經驗，偏偏要不服輸……這完全違反了老子所說的「道」。

世界上有許多大人物，都是出身貧寒。反而是富裕的家庭，很少能夠培養出優良人才。這是因為富人的孩子沒吃過苦，也從來不知道什麼叫做「弱」，只知道好強，一味地逞強。強則易折，這種人踏入社會，很難開創出好前途。

《道德經》第二十二章說：「曲則全，枉則直，窪則盈，敝則新，少則得，多則惑」。「曲」就是委曲，委曲反而容易保全。所以，我們也常常講一句話，叫做「委曲求全」。「枉」是彎曲，「直」是伸直。會彎曲的人，才會伸直。「大丈夫能屈能伸」，就是這個道理。

一個人身段要軟，這樣才有彈性，才能做一個正直的人。「窪」是低矮的地方。「窪則盈」，只要低下，就可以得到很多好處。一個虛懷若谷的人，總是說自己不懂，請大家多多指教，這樣才能學到更多的東西。大海之所以為大，正是因為位處低下，讓所有的江河都朝它奔流，所以得益最多，永遠不會缺水。

「敝則新」，破舊以後，它就變成新的。一件衣服，破得實在不能再穿了，那就只好再買一件新的。這麼做，沒有人會認為是浪費，自己也會感到心安理得。「少則得」，擁有不多時，反而容易體會到「得」的喜悅。「多則惑」，一旦擁有過多，人就會開始迷惑了。假定你有一百套西裝，出門的時候，很可能不知道要穿哪一套才好。為什麼學校要求學生穿制服？就是不希望學生在挑選衣服上浪費時間、精力。曲、枉、窪、敝都是「弱」的一面，而全、直、盈、新，都是「強」的一面。所以，老子說：「柔弱勝剛強」。

《道德經》中所講的「道」，處處體現出「柔弱勝剛強」的基本規律，而我們在現實社會中，也經常可以看到「柔弱勝剛強」的現象。由此可見，「柔弱勝剛強」確實是人生中的一種大智慧。那麼這種智慧，是否也可以運用到家庭生活之中呢？

以前，女人很會扮演妻子的角色。如果丈夫很晚才回家，她會趕緊遞上熱毛巾，噓寒問暖一番。現在的妻子，往往是丈夫一進門就給臉色看，甚至大聲質問：「為什麼這麼晚才回來？跑到哪裡去了？」然後兩個人就開始吵架，天天大吵大鬧，最後沒辦法相處，只好走上離婚一途。這就是不懂「弱」的應用，不懂「弱」的好處。

「弱」，才是道之用。以前的太太，若是先生晚回家，她不會吵也不會鬧，只會把晚飯擺在桌上，等先生回來一起吃。先生回到家，看到桌上的飯菜，就對太太說：「我出門時不是叫你先吃，你怎麼不先吃呢？」這時，太太不會說：「你不回來，人家不好意思吃」這種討人情的話；也不會說：「人家在等你啊！」她只會說：「人家不餓。」這樣，先生就會很不好意思，肯定會說：「趕快吃，趕快吃。」然後下次，他就會盡量早一點回來，不讓太太一個人在家餓著肚子，這樣不就沒事了嗎？如果硬碰硬，大吵大鬧，最後的結果是兩個人都倒楣。

女兒出去玩，說好晚上八、九點回來，可是已經十二點了，卻還沒有回到家。這時，做父母的應該怎麼辦呢？如果表現的一點都不關心，照樣睡覺，還算是為人父母嗎？如果坐在沙發上等她，女兒一進門，就立刻質問：「幾點了？到哪裡去了？」這樣做有用嗎？現在有很多父母，都認為自己責備小孩，是因為「愛之深、責之切」，其實沒有這回事。在這種情況下，最好的對應之道，是借用老子的智慧——父母兩個人，把門鎖起來，然後坐在客廳等。一聽到門鈴響了，趕快回到房間裡，假裝正在睡覺，

讓女兒站在門外等一會兒，才去幫她開門。開門時，也不用多說話，只要看看牆上的鐘，然後就轉身回到房間裡。這時，做女兒的會不反省嗎？第二天早上，女兒就會跟爸媽說：「我昨天那麼晚回來，不好意思。」此時，爸爸要說：「我倒是沒有怎麼樣，但是你媽媽擔心得睡不著覺，你跟媽媽道歉就好了。」女兒去跟媽媽道歉時，媽媽要說：「沒有，我睡得很好，就是你爸爸操心得要命。」父母親都示弱，讓女兒自動反省、自己改進，下次為了不讓父母擔心，就會注意時間，早點回家。如此一來，任一方都是贏家。如果採取強硬手段，親子關係只會愈來愈差，最後落得兩敗俱傷的結局。

由此便能理解，為什麼老子會主張「無為」。可是長久以來，人們又對「無為」的意思，產生了嚴重的誤解，這是非常糟糕的事情。因此，下一章就要探討：為什麼老子主張無為？難道老子希望我們永遠不前進、永遠不剛強，一直處於弱勢嗎？

道可道，非常道。

名可名，非常名。

無名天地之始，

有名萬物之母。

故常無欲以觀其妙，

常有欲以觀其徼。

此兩者同出而異名，

同謂之玄。

玄之又玄，

眾妙之門。

第九章

無為無不為

第九章

無為無不為

人們常把《道德經》所說的「無為」解釋成什麼都不做，把「無不為」解釋成什麼都做，因此「無為而無不為」這句話，引起了人們很大的爭議，到底是應該「什麼都不做」？還是應該「什麼都做」？老子說的話，為什麼總是互相矛盾呢？那麼，「無為而無不為」到底是什麼意思？這句話之於現代人，又有著什麼樣的重要啟示呢？

炎黃子孫最崇尚的境界就是「無為而治」，而且一講到「無為」，就推崇老子。但是，老子所講的「無為」究竟是什麼意思，相信很多人並不明白。

「無為」並不是指什麼都不做，在《道德經》第三十七章中講得很明白：「道常無為而無不為」。這句話是以「道」為主體，而不是「人」。「道」的作用，是「無為」，但是它的效果，則是「無不為」，這樣解釋就對了！「道」，是很自然的，並不是要針對某人、某事、某物而有所作為。可是，這種「無為」的作用，所產生的效果竟然是「無不為」，這真的很妙！

由古至今，我們所看到的一切都是如此，例如太陽從東方升起，在西方落下，這是我們所熟悉且從未改變過的。而且，太陽光非常強烈時，中午就到了；太陽快要落下時，夜晚便即將來臨了……這些都是「道」透過事物的各種「現象」，所展現出的自然規律。所以，「無為」的「為」，跟「違背」的「違」，兩者是相通的。「無為」，真正的意思就是「不違反自然」。

「道」順應自然，好像無所作為，但世間萬物，都因為這個無所作為的「道」而生生不息、千變萬化，這不是無所不為嗎？就是因為「道」不主宰，萬物才能產生變化。如果「道」主宰一切，每個人都一樣，沒有自主的創造力，世界豈不單調？人生還有什麼樂趣可言？也就是說，宇宙萬物都是由「道」所生，但「道」並沒有主宰宇宙萬物的念頭。關於這點，我們跟西方人有很大的不同。伏羲告訴我們：宇宙是沒有主宰的，一切的一切，都是自然孕育而成的。老子也說：「道」把你生出來，讓你長大，讓你有所變化。但至於你要怎麼走，它尊重你，任由你選擇，並沒有要主宰的意思。

> 老子所說的「無為」，就是不違反自然；而「無不為」，就是不加以主宰。「無為而無不為」啟示我們：道，是順從自然，任由自然萬物自己生長變化的。人是自然之子、萬物之靈，身為一個人，我們應該怎樣做，才能達到「無為而無不為」的境界呢？

中國人所講的「老天」，其實就是「自然」。自然，提供人類自主性。所以，人類應該過著自主的生活。可是現在偏偏不是，人自己做不了主，然後就很慌張的想找一個東西來依靠，於是就找神來依靠、就找這個來依靠、找那個來依靠，如此一來，就產生了很多宗教。其實這樣做，相當於放棄了「自主」，而要過一種「他主」的生活。「他主」，就是找別人來替自己做主，一定要找到一個主宰，才能心安，這種人還為數不少。其實，這種心態也是無可厚非，因為「道」始終跟隨著每一個人，而且「道」是很寬廣的，它裡頭有很大的彈性、很多的選擇。「道」給了人自主性，讓人自己去選擇，至於人要不要自主，

「道」沒有意見。

很多人就是不相信那種看不見、摸不著的東西，認為一定要看得見的才可靠，所以，就創造出很多所謂的「偶像」——我把自己交給你，請你來主宰我。我天天向你祈禱、膜拜，就感覺心安了。但是，「道」是不接受任何人請託的，所以你說你去「求道」，其實是沒有用的，因為「道」就在你身上，你反求諸己、努力行道，才是正確的做法。不行「道」、只求「道」，又有什麼用呢？

我們必須瞭解，「道」沒有主宰萬物的用意。如果沒有這層理解，就會變得依賴「道」，認為「道」可以幫助你，於是就去求道、修道。但是到頭來，「道」不照顧你，你該怎麼辦呢？所以，人要做自己的主人，要自主，要靠自己，而不要老是想著依靠外物。

我們對於「道」，要更深入一層去瞭解。「道」，是順應自然的，所以人也應該順應自然，不要總是想著跟大自然對抗，不要總是以為人定勝天。近四百年來，歷史的重心轉移到西方，由西方人主導。西方人就是主張跟自然對抗、跟自然搏鬥，結果如何，現在我們也看到了。

現今的人類，總是想成為自然的主宰，駕馭自然、改造自然，野心勃勃地想征服自然，甚至認為人定必然勝天。人類這種背道而馳，嚴重違反自然規律的行為，會給自然環境和人類社會帶來什麼樣的嚴重惡果？而我們又該如何著手調整呢？

現今地球氣候異常，就連聯合國都發出警告，要人類做好過異常氣候生活的心理準備。這就是說，即使人類想設法恢復正常，都是困難度極高的事情。因為只有天地，才有辦法把它調整過來。現在天地正在設法調整中，可是有人認為，這樣的調整有什麼用呢？只會愈調整愈亂而已，這就是人自己的問題了。天地是有規律的，是會動的，可是人類把它破壞了，它很為難，已經沒有辦法正常地運動。所以，現在天地非常掙扎，才會有各種亂象的出現，這都是人類自己胡作非為的結果。所以現代人對「無為」的觀念，真的必須要有更深入的瞭解才好。

老子在《道德經》第二十五章，說了這麼一段話：「道大、天大、地大、人亦大。」人之所以異於禽獸，就在於人是萬物之靈，肩負著不同於動物的神聖責任。而這種責任，為什麼不託付給全體人類，而是單獨賦予炎黃子孫？就是因為炎黃子孫具有這種傳統和智慧。能者多勞，也是「道」的一種做法。此時，我們必須勇敢地站出來，在這方面多肩負一點責任，特別是把近四百年來，被人類恣意破壞的大自然，透過「反者道之動」的法則，及早恢復過來。而這就是當代人，尤其是我們炎黃子孫的重責大任。我們必須順其自然，為所當為。

身而為人，如果凡事只聽其自然、任其自然，那就和動物沒有兩樣。因為聽其自然，就只是順應本能而已。人和動物不同，人除了本能衝動之外，還有自主選擇的權力。動物在一年之中，只會有固定的發情期，一旦交配的時間過了，就必須等到來年。為什麼老天對人有異於動物的安排呢？就是因為老天給了我們不同的任務。這點，我們一定要有充分認知。

人類並非順著本能過日子，我們還有意志力，還有創造性。做為有創造性的人，就要記住「天大、地大、人亦大」。我們的責任，就是《易經》所講的「贊天地之化育」，所以人應該幫助天地進行調整，而不是成天咒罵大自然反撲。要知道，大自然從來不會反撲人類，它只是在掙扎而已。是人類自己太無知，太沒有良心，才會說出「大自然在反撲」的謬論。

人生的規律只有一個，那就是「自作自受」。我們必須要謹慎地去選擇，好好地去走自己的路，因為世間沒有人能幫你忙，也沒有人能害得了你。我們常常把責任推給別人，常常怨天尤人，覺得這個不對、那個不對，其實這些都是不負責任的表現。一個人的所作所為，要由自己承擔後果。所以，人一定要謹慎地選擇自己所要走的路。

人類唯有順應自然，大自然才可以恢復正常的循環往復，才能真正做到人與自然的和諧共存。但是，既然「無為」就是順應自然，那是不是意味著人不需要努力，以免白費力氣呢？

「道」的運動是必然的，它不會停止。人必須時時刻刻順應自然，做出合理的調整。老子告訴我們，既然人是動物的一種，就必須要動。更何況，人是「道」的一部分，是由「道」所產生的，而「道」本身又是變動的，所以人就要隨時順著它調整。「道」有規律，但規律並非一成不變的。所以，一個人不能說：「我的原則就是這樣，永遠不會改變」，那就糟糕了！人必須要有原則，但人也必須要有彈性，而且還要時刻調整、與時俱進，這就是老子希望我們做到的。

「道」是人的本源，我們終其一生都離不開「道」。可是，「道」沒有控制人的意志，它一無所為，對人類所展現的，也只是什麼都沒有做，完全聽任自然而已。宇宙萬物，都是自然存在的。所以，我們應該去體會它、幫助它、順應它，我們所做的，也不應該有刻意而為的痕跡。

不幸的是，人在有了認知能力之後，就任意地對萬事萬物，加諸許多不真實、不準確的名號。此舉，原本只是人們想要表達對「天垂象」的認識，但是有了名號之後，反而把「天垂象」撇在一邊了。現代很少有人會注意「天垂象」，也很少有人會像從前那樣反問自己：「老天在告訴我們什麼？」而且，只要有人說：「老天在告訴我們什麼」，別人就會視之為迷信、無知。現代人只相信符號、相信文獻、相信科學，這些沒有什麼不對，但是，並不能夠取代「天垂象」，也不能夠代表真相。因為有了名詞以後，人就很容易望文生義，徒增許多不必要的麻煩。

隨著時代的變遷，語言也在發生著變化，如果人們不求甚解，就會對古聖先賢的思想產生誤解。那麼，望文生義對於我們傳承中華優秀文化，還會帶來哪些負面的影響呢？

現在有很多問題，都是翻譯不當所造成的。把古文翻譯成白話文，是一種翻譯，把外國語言翻譯成中文，或把中文翻譯成外國語言，都是翻譯。翻譯錯誤，真的是非常可怕，我們把「Science」翻譯成「科學」，就是一個顯著的例子。

「Science」不能翻譯成「科學」。試想：在中國古代的文字當中，從來沒有出現過「科學」這兩個字，這是為什麼呢？難道中國沒有科學嗎？當然有，而且還是全球最先進的。既然我們有那麼多先進的科學，為什麼偏偏就沒有創造出「科學」這兩個字呢？

所以「Science」其實應該是指「學問」，偏偏現代人把它翻譯成「科學」。「自然科學」我們是承認的，沒有人會否定。但是，「自然科學」不叫「Science」，它前面還有個「Natural」，叫做「Natural Science」，這就是「科學」。有人認為人文也算科學，我就覺得很奇怪，人文怎麼能算科學呢？現在還有一些人，動不動就講「《易經》是科學」，這也是不恰當的，因為《易經》的範圍，遠比科學要寬廣得多，怎麼可以用「科學」兩字全盤代表呢？

人類現在最麻煩的，就是「二分法」的思維，認為一切都是非此即彼，非對即錯。把「名號」看成確定的，把定義講得很精確。老子始終告訴我們：道是什麼，沒有人講得清楚。我們必須要自己去體會，透過行道的方式以明道，老子是不可能為我們下定義的。因為「道」太大了，即使是老子本人，也只能很勉強地把它稱為「道」。現在，就是因為人們講得太精確，才造成了嚴重的分歧。宇宙本來是整體的，但名號卻是分割的，這是很嚴重的矛盾。

每個人都聽過「穴道」，但穴道在哪裡？每個人都不一樣。所以，我們只能說某個穴道大概位於哪一帶，而不能說它必定就是在那個點，也不可能精確到用尺量就能測得。「道」是變動的，我們必須承認這個事實。既然一切都在變動之中，怎麼可以用名號把它固定下來？某一件事情到底對不對，通常都會有正反兩派的爭論，因為每個人的角度都不一樣，所得到的結果也就大不相同。

現代人常常用二分法的思維方式看待事物，認為是和非、正確和錯誤，就像白和黑一樣，一定要非常分明。但是大自然的規律告訴我們，白天和黑夜是在逐漸轉變的，並沒有一個明確界定的時間點。難道正確和錯誤，也像白天和黑夜那樣，難以清楚界定嗎？

如果家裡有老人休克，送到醫院去，醫生問：「病人現在情況很危急，要不要電擊？」你就會陷入兩難困境。如果回答「不」，好像很沒人性，明明可以救，為什麼不救呢？即使機會再渺茫，都應該要把握。可是，如果回答「要」，又好像太殘忍了，因為明知可能沒救，還白白讓親人受苦。怎麼辦呢？辦法有好多種，聽起來都很有道理，可是做起來卻完全不是那麼一回事。這就和名號一樣，它本身就是不明確的，如果你認為它是確定的，那不是自找麻煩嗎？

人類苦惱的來源，就是因為我們把一個整全的宇宙撕裂了，用很多名號來製造矛盾。再加上人們很不幸地認為「凡是矛盾的，都是對立的」——為什麼矛盾就是對立的呢？矛盾也是可以化解、可以協調的。因此，我們一方面要瞭解，「無為」就是不違反自然；另一方面，也要知道該怎麼做，才能不違反自然，

這才是重點所在。我們常常說要順應自然，可是，當別人進一步追問：「怎麼樣才算是順應自然？」這時，我們又回答不出所以然。所以，老子提出一個主張，叫做「為道日損」。

因此，我們在瞭解「無為」的意義，就是不要違反自然、胡亂作為之後，還必須要順應自然、為所當為。然而，如何才能做到「順應自然的為所當為」呢？那就是要遵循老子所講「為道日損」的法則。

所以，我們下一章就要接著探討：為什麼為道日損？

道可道非常道名可名非常名無名天地之始有名萬物之母故常無欲以觀其妙常有欲以觀其徼此兩者同出而異名同謂之玄玄之又玄衆妙之門

道德經的奧祕

第十章 知識與知道

第十章

知識與知道

《道德經》告訴我們：「為學日益，為道日損」，也就是說，學習的知識愈多，反而會離「道」愈遠。但是現代社會，非常強調學習與知識的重要性，人們普遍認為知識愈多，知道的也就愈多，可是我們是否認真思考過：「知識」和「知道」之間是什麼關係？「知道」的這個「道」字，究竟代表著什麼意思？而我們又應該以什麼樣的態度來看待知識呢？

《道德經》裡面有兩句話，大家都非常熟悉，但是經常不明白。這兩句話就是第四十八章所說的：「為學日益，為道日損」。為什麼為學日益，而為道卻日損呢？這點，我們一定要從老子的背景說起。

老子擔任過周朝的圖書館館長，遍覽群書，學問好的不得了，不然怎麼能寫出這麼玄妙的《道德經》呢？因此，我們不能說老子不重視學習、不鼓勵我們學習，那是不可能的。他只是說：人們在做學問的時候，要反省自己為什麼讀書？為什麼做學問？讀書是為了明理，做學問是為了提升自己的品德修養，這才是根本。

很多人做學問，做到最後，學會了很多陰謀詭計、邪門歪道，都是用來整人、用來算計別人、用來奪取財富的，這樣只會使自己更加墮落，無法自我提升。表面上，是在做學問，知識愈來愈豐富，以前不懂的，現在全都懂了，當然很開心。但是要小心，因為所學愈多，可能「道」就愈損。如果不學這個，就不會做出這種事情，品德還是良好的。可是學了這個，剛開始說絕對不做，到最後還是做了，因為「弱者道之用」。人們每次說：「這件事情不能做」，可是到最後還是做了。凡是聽過的，必留下痕跡。非常討厭的，很可能會變成最喜歡的，這才是事實。

人往往抵擋不住外界誘惑、抵擋不住大量資訊入侵，因為這些也都是「道」的一部分。在這種情況下，人必須要把持住自己。「為道日損」，就是說我們不要盲目地去吸收外面的東西，盲目地認為多多益善。看一本書，先看它的目錄，如果不適合自己，那就丟掉，還看它做什麼？有人說，不行，一定要看完，不然怎麼知道它的好壞呢？這個辦法是行不通的。

有一個人，向某間雜誌社投稿，稿子很快就被退了回來。再投去，又退回來。這個人覺得很奇怪，到底編輯有沒有審稿呢？所以，第三次投稿的時候，他就故意用膠水把其中的兩、三頁黏在一起，想看看自己的稿子到底有沒有被看過。結果投出去的稿子，很快又被退回來了。打開一看，果然不出所料，被黏起來的頁面還是原封不動。於是，這個人就寫了一封信說：「編輯先生，我是很敬仰您的，但是您的這種態度，實在令人不敢恭維……。」編輯看完後，回了一封信：「謝謝您的指教。但是請問您，當您要吃雞蛋的時候，一聞味道不對，難道還要吃完之後，才能確認這是一顆壞雞蛋嗎？」道理就是這麼簡單。所以，在很多情況下，我們必須培養出「一葉知秋」、「履霜堅冰至」的危機意識，一旦察覺某些人、事、物不對勁，就要趕快篩掉、躲掉、甩掉、避掉，才能保護自己不受污染、不被同化，不會陷入「為道日損」的困境之中。

現代社會資訊發達，各種知識都得以快速傳播。但是，老子早在幾千年前就提醒我們：如果不加選擇、胡亂學習的話，學得愈多，對自己的道德修養損害就愈大。除此之外，對於修身行道，我們還應該注意些什麼呢？

老子接著說：「損之又損，以至於無為。無為而無不為」。讀老子的書，不要只去看「無為」這兩個字，也不要一看見「無為」，就真的認為要「無為」。在《道德經》第三章說：「為無為，則無不治」；第六十三章說：「為無為，事無事，味無味」，在「無為」的前面，還有一個「為」字，變成「為無為」，這不是很奇怪嗎？「無為」前面，為什麼要「為」呢？這就表示要「有為」。那麼，「有為」就「有為」好了，為什麼還要「無為」呢？而且後面那句話更奇怪「無為而無不為」，很多人認為，這根本是不可能做到的，除非耍詐欺騙，做了卻說沒做——其實，這只是後人自己搞不清楚而已，老子的「無為」，是指「不要違反自然」，但你還是要去做。

更重要的是，老子說：「取天下常以無事，及其有事，不足以取天下」。「取天下」，不是指以武力征服天下，那是不可能的事情。「取天下」是說「取之於天下，要用之於天下」。我們要懂得感恩，回饋社會，因為我們從社會中得到的太多了。這就是我們今天所講的「人人都要為社會大眾服務」。要怎麼樣服務呢？老子的見解極妙：「以無事」。「無事」不是指不做事，不做事怎麼能服務大眾呢？「無事」是《易經》裡面講的「無咎」，說白話一點，就是「沒有後遺症」。

「取天下常以無事」，就是說：一個人要對社會人群做出貢獻時，一定要事前考慮周密，要能做到後面是「無事」的，不要留下後遺症。如果因為某人的服務貢獻，就搞得天下大亂，別人還得替他收拾善後，那算什麼服務貢獻呢？常常聽到有人講：「少叫那個人來，他來只會添亂」。「添亂」就是有事，「添亂」就會壞事。一個人做了很多事情，搞得亂七八糟，別人還得花時間去收拾善後，那還不如不做。

所以，「及其有事，不足以取天下」，意思是說：如果做了事，產生一大堆後遺症，別人還要花更多時間、精力、金錢來收拾殘局，那就是「不足以取天下」，根本就不是服務的態度。「無事」，用今天的話來說，只是變了一個字，叫做「沒事」。現在有很多人，跟他講什麼，他都回答：「沒事、沒事」，其實問題一大堆。所以從現在開始，我們必須謹記，一定要有那個本領，才可以講「沒事、沒事」。「沒事、沒事」就代表著：「我都做好了，而且不會有後遺症。」這是高度困難的境界，務必特別謹慎小心。

人要生活，就不能不求學，不能不掌握知識。很多人在聽到老子主張「絕聖棄智」、「為學日益，為道日損」時，就以為老子根本是反對學習知識的。然而，我們若是換個角度思考：如果老子不主張學習知識，當年他一個人默默走出函谷關就好了，還寫《道德經》做什麼呢？可見這種說法並不正確。

其實，老子真正想傳達的是：「我很贊成『為學』，但是千萬別忘了，『為學』的目的是要『為道』。」也就是現代人常講的要「知道」。人們經常會把「知識」和「知道」混為一談。有些人說自己很有知識，所以他「知道」了，其實不見得。

很多人都認為，知識愈多，當然就知道愈多，卻從來沒有思考過，「知識」和「知道」是什麼關係。這個知道的「道」，究竟是什麼意思？《道德經》告訴我們：「為學日益，為道日損」，為什麼知識愈多，反而會離「道」愈遠呢？

我們所學的很多知識，都是不「知道」的知識，這是非常可怕的。很多科學家，知識很豐富，偏偏不「知道」。因為如果他「知道」，有些事情就不敢做，有些論文就不敢發表，有些實驗做到一半就應該停止了。所以，我們一定要把「知識」和「知道」，做出徹底的區分。

一個人，一定要「知道」。至於「知識」，最好慎選那些可以幫助我們「知道」、對人群社會有益處的。至於那些不但沒用，而且還會對你「知道」產生阻礙的「知識」，就要加以摒棄、隔離。「知識」愈多的人，經常愈不「知道」，所以才鬧出很多笑話，種下很多禍因。

千萬要記住，有很多的知識，我們把它叫做「不知道的知識」。而「不知道的知識」，會把我們跟「道」隔絕起來，就叫做「隔閡」，會讓我們對「道」的認識產生阻礙。愈有「知識」，愈不「知道」，這是人們必須時刻警惕的事情。否則學習了半天，不僅危害自己，也危害別人，有什麼意思呢？

自然法則是從來不會改變的，但是自然法則的應用，卻是千變萬化的。這種情況再過一百年、一千年，還是如此。所以，我們做學問的時候，千萬不要認為時代不同了，現在的想法不應該像從前那樣了；從前的都過時了，現在開始要求新求變了，這種態度是要不得的。我們一定要把「道」視為不可動搖的根本，如此一來，我們就會懂得，求學只有一個目的，就是使我們更明白先天已有的「道」，而不是學習很多亂七八糟的東西，把自己和「道」阻隔起來，這也就是「無為而無不為」。「無不為」就是「相通」——無論我學的再怎麼多，都不會變成行「道」時的阻隔。

「為學日益」，人在增加自己智能的同時，欲望和心機也會隨之增加。我們必須瞭解，這種欲望、心機的增加，最後會使自己更加煩惱痛苦。「為道日損」，則是告訴我們，在「為道」的時候，要把後天經由學習所得來的不當知識、習氣趕快丟掉，以減少自己的憂愁和煩惱，這才是愛護自己的表現，才叫做「修道」。「損之又損」，就是把後天這些無謂的、會增加煩惱和痛苦的東西逐漸丟棄，如此一來，就會愈來愈明白天機。「嗜欲多者天機少」，說的就是這個道理。人一旦被私欲蒙蔽，所見的天機就少了；一旦知識豐富了，創造力就閉塞了。

只要去觀察那些知名大學出身、由名師指導出來的高材生就知道了。他們一畢業後，幾乎什麼都不能做。別人請他們來解決一個問題，他們馬上上網查看情況。如果別人已經做過了，他們就不想再做；如果別人說這個問題不能解決，他們肯定也不會浪費時間；如果別人說困難重重，他們就不會多費心思——試問，這樣的人會有創造力嗎？這是很現實的問題。可見，有很多事情我們想錯了，現在一定要盡力把它調整過來。

中國有句俗話「聰明反被聰明誤」，就是說有些人學了很多「不知道」的「知識」，導致他的欲望愈來愈多，離「道」愈來愈遠，結果往往是害人害己。既然學習知識可能會有弊端，那我們該如何防患未然，以避免不小心學習到那些對自己有害的知識呢？

在《道德經》的第二十章寫著「絕學無憂」，如果人們只從字面上解釋，認為拒絕學習，就可以沒有憂愁，這麼一來，就更糟糕、更趕不上時代，處處都行不通，老子會這樣害我們嗎？絕不可能！「絕學無憂」，就是告訴我們，要放棄一切不合乎「道」的知識，只有如此，才能減少憂愁和煩惱。

人類都是從「無知」慢慢走向「知道」的，但過程中，潛伏著「欲速則不達」的危險。如果有人說：「不急不急，等我把所有的情況都搞清楚了，再告訴你們這是什麼」，反而是人類的萬幸。但是，人們經常耐不住性子，思慮不夠周密，往往摸索到一知半解，就認為自己已經懂了，就開始隨便亂講，導致問題叢生、後患無窮。

事實上，人類已知的，幾乎都只是皮毛而已；至於那些未知的，或是所謂的真相，實在沒有人有能力搞得清楚。所以，為什麼一個人自認為什麼都懂、什麼都知道的時候，突然之間，碰到問題就傻住了，還反問別人：「怎麼會這樣？我以前怎麼都不知道？」這就是自作聰明，最後徒然害人害己。

因此，老子在第二十章告訴我們：「唯之與阿，相去幾何？」你看兩個人，一個人說：「是是是」，另一個人慎重地說：「好吧，我試試看。」二者的意思差不多，但是你的感覺卻差別很大。「善之與惡，相去若何？」，「善」跟「不善」，差別在哪裡？一份飯菜，好吃不好吃，差別在哪裡？一件衣服，好看不好看，又差別在哪裡？你說得出來嗎？

在這種情況下，我們應該提醒自己，很多東西原本都是差不多的，因為它們都是從「道」生出來的，而「道」是混沌不清、模模糊糊的。非要把它搞清楚，這也無可厚非，最可怕的是：在還沒搞清楚以前，就說自己清楚了，然後就給它一個名號。有了名號以後，又開始給它定義，把它精確化，如此一來，原本相近的東西，就會變得愈來愈遠。

每個人都覺得自己是專家，都很專業，其實所看到的部分，都是非常窄小狹隘的，這是非常遺憾的情形。一件事情，本來沒有那麼多分歧，專家卻使它分歧變大；本來沒有那麼極端，專家卻把它說得很極端；本來可以互助，專家非要把他們分化，讓原本可以成為朋友的，變成誓不兩立的敵人，彼此攻擊、戰鬥。如此下去，事態將愈演愈烈，最後人類只能同歸於盡。

到目前為止，人類對於宇宙自然的認知，不過九牛一毛而已。如果我們想要用自己淺薄的知識，去給自然中發展變化的萬事萬物下定義，那就只是自尋煩惱而已。那麼對於學習知識，我們究竟應該抱持著什麼樣的態度，才是正確的呢？

《道德經》第四十一章說：「明道若昧，近道若退，夷道若纇。」一個很清楚「道」、有所修為的人，不會表現出自己很懂的高姿態，反而會謙虛地對別人說：「我不太明白」、「請大家多多指教」。因為

「道」是在不斷變化的，誰敢說自己完全懂了？如果問一個人懂不懂《易經》，他說懂，那就可以判斷他一定是不懂的。《易經》是「其大無外，其小無內」，每深入一層，就能發現新的東西，就會得到新的體悟。如果一個人說自己都懂了，那是絕對不可能的事情。

所以「明道若昧」，這裡的「若」，就是「好像」的意思。一個懂得「道」的人，會說自己並不是非常明白，還要請人家多多指教；當一個人心地光明的時候，就會認為光明是應該的，並不覺得有什麼好張揚的。

「近道若退」，當一個人日有寸進時，就會漸漸懂得與世無爭的道理。也就是說，內在涵養修為愈是精進，外在舉止表現就會愈恭敬退讓。一個人，就是因為不明白道理，才會去爭；愈懂得「道」的人，就愈會覺得沒有什麼好爭的，凡事都會自行變化、調整。「夷道若纇」，「夷」是平易，「纇」是崎嶇。老子的「道」，是非常平易近人的，但是大家聽起來卻覺得崎嶇難懂，心想：老子怎麼老講一些奇言怪論，老是跟我們不一樣？其實這就對了，老子跟我們不一樣，就表示我們很有問題。

老子接著說：「上德若谷，大白若辱，廣德若不足，建德若偷」。「上德若谷」，真正有大德的人是虛懷若谷的，什麼都能容納得下；「大白若辱」，真正操守很高潔的人，是不會自求表現的；「廣德若不足」，明明聖德圓滿了，卻始終覺得自己還差很遠；「建德若偷」，一個人品德良好，但並不像其他人一樣，常常自吹自擂，反而是讓大家看不出來，還以為這個人好像很苟且、很馬虎。

老子透過《道德經》告訴我們，由於人類的認知能力是有限的，所以我們必須特別謙虛，瞭解萬事萬物永遠都處於發展變化之中，所以我們不能只看到事物的表面，還要學會認知事物的本體。

《道德經》第四十五章講：「大成若缺，其用不弊；大盈若沖，其用不窮」。最完美的東西，好像還有所欠缺，這就叫做「道體」。因為「道體」是大成的，可是普天之下，沒有一個人能夠完全把它看清楚、說明白。因此，才會覺得好像總是少了那麼一點點。其實，正是因為有所欠缺，所以才會產生變化。如果整全了，那就固定了，就不會再有變化了。雖然「大成若缺」，但「其用不弊」，所發揮的作用將永遠不會停息。

「大盈若沖，其用不窮」，「道」是空虛的，但正因為它是虛的，才能夠容納所有的東西。一個杯子如果裝了酒，就不能裝茶；裝了茶，就不能裝果汁。然而，如果杯子是空的，它就可以盛裝任何東西。由此可知，人一定要謙虛，道理就在這裡。懂得謙虛的人，就會虛懷若谷，什麼都可以容納得下，海闊天空，選擇性也就更加寬廣。

老子接著說：「大直若屈，大巧若拙，大辯若訥」。「大直若屈」，最平直的，是那種看似隨時可以彎曲的。正因為充滿彈性，所以才能永保平直不折。「大巧若拙」，真正最靈巧的人，看起來都是愚拙的，不會讓別人看穿，這就叫做「莫測高深」。一旦靈巧被別人看出來，就容易招到妒忌、招來禍患，遲早會因為自己的靈巧而敗下陣來。「大辯若訥」，真正很會說話、口才非常好的人，看上去都是木訥的。不該他講話的時候，他一句話都不會多講。

那麼，在這些地方，老子所用的「大」字，究竟是什麼意思呢？「大」，就代表「道」，因為老子在《道德經》第二十五章曾說：「吾不知其名，字之曰道，強為之名曰大」——我不知道它的名稱，勉強地稱它為「道」，勉強地形容它是「大」。《道德經》裡面的那個「大」，都是在講「道」。我們後來經常說的「大道」，就是從這裡演變過來的。「大」，代表一種非常崇高的「道」，必須很謹慎地去瞭解與探究。

那麼，我們應該從哪裡開始呢？最要緊的，莫過於瞭解「道」究竟是如何生成萬物的。所以下一章，我們將要探討：道是如何生成萬物的？

道德經的奧祕

第十一章

無中生有

第十一章

無中生有

宇宙萬物是怎麼產生的？有人說是在宇宙大爆炸後產生的，也有人說萬物是在逐漸演化中產生的。而老子則告訴我們：「天下萬物生於有，有生於無」，所以中國有句成語，叫做「無中生有」。但是「無」和「有」，是完全不同的兩種狀態，「無」中怎麼能生出「有」來呢？老子所說的「無」，是一種什麼樣的狀態？而「有」，又代表著什麼含義呢？

《道德經》第五章有一句話非常有趣：「天地不仁，以萬物為芻狗；聖人不仁，以百姓為芻狗。」什麼叫做「芻狗」？就是把草紮成跟狗一樣的形狀，就叫做「芻狗」。以前古人在祭祀時，會拿用草紮成的狗來當做祭品，然後很莊嚴、很恭敬地獻給所祭拜的對象。可是，拜完了以後，順手一扔，就把它丟掉了，根本不當做一回事。

上面這幾句話，是怎麼來的呢？這是一段天人之間的對話。炎黃子孫「天人合一」的觀念非常有意思，如果把它視為一種想像，我們也不反對。人跟天講：「老天，你到底是怎麼回事？你把天地萬物都當做祭品，要用的時候很寶貝，不用的時候就隨便亂丟，那你還有什麼仁愛之心呢？」老天本來是不說話的，可是聽了這番話以後，不得不做出回應。老天說：「好，你們看我是這個樣子，那現在請你們反觀自己，看看你們的聖人，是不是也和我一樣不仁，以百姓為芻狗？」

一個學派告訴你要這樣做，另一個學派告訴你要那樣做，他們才是你的老師……各式各樣的主張，都言之有理，你到底聽誰的？所以就造成很多門派彼此之間明爭暗鬥，搞得社會非常混亂。

我有一次搭車時，聽到兩個老婦人在對話，很有意思。一個人說：「你千萬不要信佛教，你看我婆婆就是信佛教，信到最後死掉了。」另外一個人說：「真的很奇怪啊，我婆婆信基督教，信到最後也是死掉了。」其實，你信什麼教，最後都逃脫不了死亡的命運，因為有生必有滅。人是自生自滅的，萬物也都是自生自滅的。

人指責天地不仁，任萬物自生自滅；天指責聖人不仁，任百姓自生自滅。人和老天的這段對話，就像是一個有趣的寓言故事。老子透過這段對話，是想說明什麼道理呢？

老子既然說了這段天人對話，就一定是想要給我們一些啟發，否則對話完了，沒有結果，還有什麼意義可言呢？所以，《道德經》第五章緊接著說：「天地之間，其猶橐籥乎！虛而不屈，動而愈出」。「橐籥」，就是風箱。老子說：我們想像一下，天地之間就像是一個風箱，風箱裡面空空的，什麼都沒有，就是無。可是風箱一動，就會有風生出來，所以有生於無，從這裡可以看得出來。

老子用「虛而不屈，動而愈出」來形容這個風箱，雖然裡面空空虛虛的，看似什麼都沒有，可是卻充滿了無窮的能量。「虛而不屈」，看似虛空不具體；「動而愈出」，但是只要拉動這個風箱，風就會源源不絕地進進出出。「道」的運行，就和風箱一樣。所以，對照第四章，老子說：「道沖，而用之或不盈」，「沖」就是指一個空的器皿，裡面什麼都沒有，卻可以盛裝所有的東西。「用之或不盈」，意思就是你再怎麼用，它都沒有窮盡。「道」的本體是空虛的，可是「道」的作用卻是無窮的。所以，老子接著說：「淵兮似萬物之宗」，它可以生出萬物，就好像是萬物的宗主一樣。這一段話，對我們中華文化有著很深遠的影響。

試問：當你看到金字塔的時候，會想到什麼？埃及文化。所以，人們一旦認為埃及文化可以用金字塔來代表的時候，埃及文化大概就沒有了、消失了。當大家聽到羅馬的時候，只會想到那個圓形的競技場時，羅馬文化也消失了。而我們中華文化，始終都找不到一樣東西可以做為代表。

很多外國朋友到中國來，最常問的就是：「中華文化是什麼？」我們經常想了半天，也不知道該怎麼回答。然後，他再問你：「有什麼東西可以代表中國文化？」你想了一會，勉強回答：「京劇」，外國朋友很高興，請你帶他去看。看了半天，他說：「這能代表中華文化嗎？」你說：「好像不能，因為現在很少有人看了，只是在劇院裡面表演而已」，如此，又怎麼能代表中華文化呢？你又說：「萬里長城」，然後就陪著外國人到了萬里長城，可是這能代表中華文化嗎？不能。那故宮呢？等你到了故宮之後，發現它也不能代表。到最後，還是找不到哪樣東西，可以完完全全地代表中華文化。所以有人就說：「真是慘啊！炎黃子孫自詡有五千年文化，到頭來卻是什麼都沒有。」其實不然，什麼都沒有，才代表著什麼都有。

中華文化博大精深，源遠流長，但是有什麼具體的東西，能夠完全代表中華文化嗎？仔細想想，還真的是無法找到。曾教授認為，正是因為什麼都沒有，才代表著什麼都有。為什麼「沒有」可以代表「有」？而中華文化究竟是什麼呢？

中華文化用四個字就足以形容，那就是「空無多有」。如果這個可以代表、那個也可以代表，就容易被定形了。一定形，「道」就停滯不動了。不動，就沒有什麼意義了。「空無」，才可以「多有」；想要「多有」，就必須「空無」。老子明確地說：「天下萬物生於有，有生於無」。試問：「無，是不是零？」當然不是。如果「無」是零，那就叫「零」就好了，何必稱「無」呢？零永遠是零，除非加上一個一，否則它永遠是零，即使一百個零還是零，可見「無」跟「零」並不相同。

老子在《道德經》第一章說：「無，名天地之始。有，名萬物之母。」這裡的「無」並不是沒有，如果「無」是沒有，那怎麼能生「有」呢？可見，這個「無」不是全無。用現在的話來講，什麼叫做「無」呢？就是它不是任何東西，卻可以產生所有的東西，這樣才叫做「無」。說它沒有形狀，它卻能產生出各式各樣的形狀；說它沒有聲音，它卻可以發出各式各樣的聲音；說它沒有象，它卻可以表現出不計其數的象，這樣才叫做「無」。

「有，名萬物之母」。「有」是什麼呢？就是每一個東西都有它的名字，但是不管叫什麼名字，它的母親就是一個「有」字。「無，名天地之始」，天地的開始是沒有名的，可是萬物一產生就有了。一個是「始」，「始」是根源；一個是「母」，「母」是母親，這有很大的不同。「道」是根源，不管生出千千萬萬，它還是存在的，而且永遠跟萬物在一起。母親就不一樣了，母親把小孩生下來以後，小孩是小孩，母親是母親。母親不可能陪伴孩子一輩子，她做不到，因為生命都是有限的。可是「道」不一樣，「道」一生所有萬物，不論萬物存在多久，「道」始終都跟萬物在一起，而且不論萬物是存是亡，對它都沒有損失。為什麼呢？因為「道」是「動而愈出」，不論萬物如何變化，它還是「道」，它本來就是大到不可思議的。

所以，「無」的作用，遠遠超過「有」。然而，人類的思維很奇怪，認為「有」才是最重要，「無」

沒有什麼用處。可見，人類說自己很會選擇，其實不然。「無」就是什麼都有，「有」就是只有這麼一點點；「無」是無邊無際，「有」是很有限的，遲早會用完。「道體」是什麼？是「無」；「道用」是什麼？是「有」。「體」一定是在「用」的前面。所以，先有「無」，然後才有「有」。而「有」返回去，又會回到「無」，整個循環過程就是「生生而不息」。

生生不息，就是大自然「無中生有」的循環往復。現代科學也證明了宇宙萬物都是從無中生有的。但是老子告訴我們，道在「無」和「有」之間，還有一種「非無非有」的狀態，這種狀態又說明了什麼道理呢？

《道德經》第二十一章說：「道之為物，惟恍惟惚。惚兮恍兮，其中有象；恍兮惚兮，其中有物。窈兮冥兮，其中有精，其精甚真，其中有信。自古及今，其名不去」。「惟恍惟惚」，就是恍恍惚惚。道，若有若無、若隱若現，你想看卻看不清楚，想摸卻摸不著，想聽也聽不到，那怎麼辨呢？只能用心研究《道德經》，從老子的解說中，盡可能地去瞭解「道」的內涵。「道」，非有非無，在「有」跟「無」中間，還有一部分叫做「非有非無」、「又有又無」。好像無，又好像有；好像有，又好像無，既虛幻卻也真實。

所以「虛」跟「實」是兩極，當中有虛有實，又像虛又像實，又像實又像虛，不可辨認。因為眼睛的功能是有其局限性的，耳朵的功能也是有局限性的，所有五官的感覺，都是有局限性的，沒有辦法突破。但是，不能因為你感覺不到，就說它不存在。因為「道」不可辨認，所以老子說它「惟恍惟惚」，若有若無，好像是這樣，又好像是那樣。

媽媽的肚子裡面，本來什麼都沒有——哪有女人一生下來，肚子裡就裝個小孩的？可是後來她懷孕了，胎兒慢慢長大，然後呱呱墜地，成為一個獨立的個體。如果她沒有受孕，那怎麼生也生不出來。「道」，也是一樣的道理。說它沒有，它明明有；說它有，就是看不見它。但是，看不見並不代表沒有。

「窈兮冥兮，其中有精」，這裡的「窈兮冥兮」，就是很深遠、很昏暗，但是其中含有一切生命的原生質和生化的原理。光有原生質沒有用，如果沒有那個生化的原理，它仍然動不起來，最後還是沒有結果的。「其精甚真，其中有信」，它的這個「精」是非常真實的，不是假的，不是故弄玄虛的。「其中有信」，它是讓你可以確信的。

現今科學發達，只要去醫院做檢查，就能得知媽媽腹中的胎兒究竟是男是女。可是有的醫師不願明講，會推說看不清楚，其實這是醫師的修養，他不願意一語道破。如果將性別說出來，可能會衍生出許多問題。醫師告知是男的，可是孕婦想生女兒，那她把胎兒拿掉怎麼辦？醫師告知是女的，說不定孕婦想生兒子，往後成天為此憂愁煩惱。像這種害人的事情，又何必去做呢？所以，明明可以看清楚的，醫師卻說看不清楚。還有一種說詞更妙：「這胎兒始終趴在那裡，不讓我們看清楚」，這也是一種很好的處理辦法，講那麼清楚做什麼？

道之所以玄而又玄，就在於這種看不清、說不明的狀態。而現實社會中的很多事實，也讓我們體認到：在這個世界上，的確有許多事情是說也說不清、看也看不明的。也有許多事情，是不說清楚反而更好的，所以中國有句成語，就叫做「難得糊塗」。

有些事情含含糊糊，絕對比清清楚楚來得好，這就是「道」的變化。「自古及今，其名不去」，從古代一直到現在，「道」的名是不會改變的。全世界唯有中華民族的學問稱為「道學」，西方則稱為「哲學」。「哲學」和「道學」有點不一樣，所以，西方人常認為中國沒有哲學。事實上，既然我們已經有「道學」了，那又何必需要有「哲學」？即使西方人批評我們科學不發達，我們也大可不必在乎。為什麼？因為「道學」無所不包，裡面含有「哲學」，又含有「科學」，還含有「藝術」，什麼都有。

既然「道學」已經包羅萬象了，又何必非要創建某個很特殊的東西？舉凡特殊的東西，都是只能存在一時，過一陣子它就不見了。凡是很特殊的，都不會持久；凡是很固定的，都不會有變化；凡是很明顯的，很快就消失了——這就是「道」的原理。中華民族是最懂「道理」的人，何必要盲目聽信別人的話，這不是愚昧無知嗎？

「道」是「自古及今，其名不去」，從過去到現在，從來就沒有消失過，始終存在著、到處瀰漫著。「道」在做什麼呢？它只做一件事情，就是「生成萬物」，這是一種歷程、一種活動、一種無私的奉獻。正因為「道」是無私的奉獻，所以它永遠不會被毀滅。

老子在《道德經》第七章說：「天長地久」，天地是不會被毀滅的。而「天長地久」的原因是什麼？老子接著說了：「天地所以能長且久者，以其不自生，故能長生。」因為天地從來不自盈其生，從來不謀求自己的生活，所以才能夠可長可久。「長生」不是指它自己活得久，而是指長久地生萬物。風箱不會說：「你鼓動風，我要留一點，要抽一點稅。」你用多少力鼓動，它就出多少風。你愈是鼓動，風就出得愈多。天地不自訂計畫，不自謀生活，所以可以永遠長生。人就是想活得久，所以才活不久；人就是想生活得好，所以才累死自己。

打破混沌，就是宇宙從無到有的創生過程，而關於宇宙的誕生，在世界上有許多種不同的說法。創造論者認為，宇宙誕生於一次大爆炸；演化論者則認為，宇宙萬物是在一片混沌之中，慢慢演化而成的。

那麼，混沌究竟是怎麼被打破的呢？

天地本來是混沌的，後來打破了混沌狀態，請問是誰打破的？就是「道」自然打破的。事實上，若是「道」不打破混沌，人再有辦法也無法打破。因為連人都不存在的時候，怎麼去打破呢？天地的混沌狀態，一旦被打破之後，就開始從無狀之狀、無物之象，進入到了有狀之狀、有物之象，這個變化的過程，就是宇宙生成萬物的歷程。在恍恍惚惚、惚惚恍恍，很微細、很玄妙的狀態當中，突然間慢慢成形，然後有形有象，開始產生萬物，就有「精」，就有「信」。在這個過程當中，天地一方面慢慢創造，一方面逐漸演化。所以，炎黃子孫的創世說既不是神創論，也不是演化論。

天地是從「無」中生「有」，可是在「有」了以後，想要把它消滅是做不到的。那為什麼有些物種會消失呢？「道」只用了一個辦法，它就不見了，那就是「弱」。「道」要一個物種回家，就會讓這個物種逐漸趨於衰弱，弱、弱、弱，一旦弱到完全活不了，也就回家了。人到最後，都是要回老家的，也就是復歸於「道」。老天只要讓人變「弱」，體弱多病、無法醫治，再怎麼叱吒風雲的人物，也只能束手就範，復歸於「道」。

既然瞭解了「道生萬物」的整個過程及其原理，那麼，就要回頭想想我們人類應該怎樣生活，才算是合乎道。所以下一章要探討的重點是：人應該怎麼生活？

道可道非常道
名可名非常名
無名天地
之始有名
萬物之母
故常無欲以
觀其妙常有
欲以觀其
徼此兩者
同出而異
名同謂之玄玄之
又玄眾妙之門
道德經的奧祕

第十二章

人生有三寶

第十二章

人生有三寶

老子說：「我有三寶，持而保之，一曰慈、二曰儉、三曰不敢為天下先。」對於現代人來說，「慈」是很容易理解的，但是「儉」似乎比較難以做到。因為處於資訊發達、五光十色的社會環境下，每天都會有許多物質欲望正在引誘著我們。然而這些現象，會為人們帶來什麼禍患？老子所說「不敢為天下先」的真正含義又是什麼呢？

我們已經知道天地是怎麼生成萬物的，既然瞭解了整個的過程，就要反過來問問自己：「身為天地間的一分子，而且是很重要的一分子，應該怎麼樣過日子？」也就是說，人要問問自己：「應該怎麼樣生活，才算符合『道』的要求？」

在《道德經》第五十九章，老子說了簡單的一句話：「治人事天莫若嗇」，什麼叫做「治人」？有人認為「治人」就是「管人」，當然不是。「管人」做什麼呢？「道」都不想主宰人，同樣是人，還要去管別人，這不是很奇怪嗎？「治人」的意思，是要向自然學習，要和天地一樣無私地奉獻，所以「治人」的意思，就是為社會人群服務。

那什麼叫「事天」？「事天」不是說整天去拜天、去求天、去問天，而是指修身。因為「天」代表自然，而自然是無私奉獻的，但是人好像都做不到。正因為做不到，所以才要看看天、想想自己，覺得很難過、很慚愧，然後有感而發：「天啊！為什麼你做的到，而我卻做不到呢？」因此我們就要修身，設法向大自然的無私奉獻精神看齊。「治人」是為社會服務，它是對外的；「事天」是在看到天以後，就想到自己有很多沒有做好的地方，然後就要修治自己，是對內的。

不管對外或對內，都要「莫若嗇」。「嗇」，就是愛惜、節儉。再也沒有比愛惜、節儉更重要的了。老子接著說：「夫唯嗇是謂早服」，一個人，如果知道愛惜、節儉，就會及早地走上道，及早地服從「道」。

節儉，本是中華民族最為優秀的傳統之一，但是現代社會經濟高速發展，人們生活水準有了很大的提升，於是開始有人鼓吹唯有高消費的行為，才能刺激經濟發展，因而導致社會奢華之風漸起。那麼，在物質相對豐盛的現代社會，我們究竟還需不需要堅守節儉的美德呢？

大家都會有衣服好像永遠少一件的感覺。明明衣服已經夠多了，穿不完了，可是看到別人的衣服，還是會認為比自己的好看，無論如何，也要再去買一件更好看的……這些想法和做法，導致現代社會落入過度生產、過度浪費的循環。生產那麼多做什麼呢？以前的人，一件衣服穿破了，補一補、修一修，實在不能穿了，還要留在家裡當便服。而新買來的衣服，是為了出門訪客所準備的，這個叫做「嗇」。「嗇」就是要愛惜資源、力行節儉，因為地球上的資源是很有限的。

人一奢侈，麻煩就來了，錢也將會永遠不夠用。房子已經夠氣派、夠寬敞了，但是搬進去以後，就是覺得房間不夠多。有了車子，就會感覺別人的車子怎麼比自己豪華？坐在裡面好神氣，無論用什麼方法，就是想要超越他。錢不夠用，就把修道的時間拿來拼命賺錢，如此一來，人生的方向就已經走偏了。

賺錢沒有錯，但是賺錢只是手段、只是工具，它是用來幫助我們修道的。

有一件事情，值得我們去思考。我們去看所有動物，從早到晚，都在那裡吃東西。一般動物，每天要花六個小時吃東西，才能維持身體運作所需。而人類，只花一點點時間，甚至現在你都不需要自己做飯，只要打通電話，叫個速食外送，就可以解決三餐問題了。所以，動物花在吃飯上的時間，遠比我們人類來得長，因為它們活著，就只是為了求生存而已。那麼，為什麼人類是所有動物裡面，花最少時間吃東西的呢？就是因為我們負有很神聖的責任，必須要留下更多的時間來修道、行道。

「嗇」跟節儉的「儉」字，是同一個意思，但節儉並非只是節省金錢而已，舉凡精神、力量、時間、資源……等各方面，都應該要合理節省，都不可以隨便浪費。

地球上的資源是有限的，人的時間和精力也是有限的，但是人的欲望卻毫無止境。在現代社會中，我們經常可以看到，有的人終其一生追求名利，甚至不擇手段地去獲取財富，但是結果卻往往事與願違，這是為什麼呢？

宇宙是動的，不管人怎麼做，都不知道它動過來、動過去，最終會有什麼結果。很多人成天賺錢，但只要「道」一變動，很快就虧本了。賺得愈多，就虧得愈慘，這樣的事情相當常見。當某個行業發展良好，大家都擠破頭想入行時，就表示這個行業已經快要開始不賺錢了。考大學要選填科系，大家都覺得物理系最好，統統都擠到那個科系，畢業後人浮於事、僧多粥少，反而找不到工作了，而且愈是熱門就愈慘。那選冷門科系呢？也不見得好。比如說，選了一個很冷門國家的語言，學得很精通，可是學成以後，那個國家不見了，再也沒有人要講這種語言，那豈不是白學了？所以，外面的變動，人力很難掌握，但是你卻會受到影響，而且影響還相當大。與其自己整天思來想去，倒不如遵循一個很簡單的法則，叫做「依道而行」。

《道德經》第五十八章寫得最明白：「正復為奇，善復為妖」，現在看它是正的，可能一下子就變成邪的了；現在看它是善的，可能以後就變成不善的、就叫做「妖」了。一個人去買股票，一定會很慎重地選擇自以為穩賺不賠的入手。想不到才一買進，它就開始跌了。愈跌愈生氣，明明大家都在買股票，為什麼別人買就漲，自己買就跌？

人類應該好好反省一下，我們好不容易發明一樣東西，目的是要幫助大家過好日子的，結果都變成壞事了。舉例來說，在沒有製造出貨幣以前，我們會拼命去賺錢嗎？根本沒有錢，還賺什麼錢呢？沒有人會否認貨幣是好東西，它做為一種流通工具，能方便人們互通有無和商業貿易。但是貨幣發明以後，不少人很快就變成貨幣的奴隸，一輩子沒有理想，眼中只有錢。即使臨命終了，都還在錙銖必較，這種人還算是人嗎？

手機本來是好的，讓我們通訊方便。可是智慧型手機發明後，卻搞得小孩子一天到晚只知道玩，連路都不能輕輕鬆鬆地走，好像沒有了它，生命中就缺少了什麼東西，就不能正常地生活了。如此一來，人就變成了手機的奴隸。類似的例子太多了，人變成高樓大廈的奴隸、人變成汽車的奴隸、人變成名牌包包的奴隸……人變成所有自己後天創造出來的物品的奴隸，這還算是「生活」嗎？

現代科技高度發達，在提供人們生活便利性的同時，也造成一些無法控制自己欲望的人們，成為了金錢與物質的奴隸。由此可見，世界上的任何事物，都有其兩面性。我們究竟該如何做，才能學會整全地看待事物，從而保持清醒的頭腦呢？

《道德經》第五十八章，有兩句話大家非常熟悉：「禍兮福之所倚，福兮禍之所伏」。什麼叫「倚」？就是依靠、伴隨；什麼叫「伏」？就是隱藏、潛伏。「道」告訴我們，當某一種現象出現的時候，在它的內部，就已經潛伏了一個相反的力量。例如水果剛買來的時候很鮮美、很香甜，但是放了幾天之後，它就會開始慢慢地腐爛了。因為在水果裡頭，早就已經潛伏了很多細菌，準備要把它變成腐壞的，而這就是「弱者道之用」的法則。

當一個人很有福氣的時候，最好不要太得意，因為在不知不覺當中，已經潛伏了很多禍患。多少大富翁，突然在一夕之間破產；明明身體很健壯的人，突然生場病就一命嗚呼了。很多人想事情，都只想到一點，然後就覺得一定是這樣，這就叫做「以偏概全」。老子很清楚地告訴我們「福禍相依」，就好像有兩扇門在你眼前，不知道哪扇門後是福、哪扇門後是禍？當一腳踩進去之後，才發現糟糕了，惹禍上身，跑都跑不掉。明明福就在旁邊，為什麼不走進去，卻偏偏往禍裡闖？這就是人們常講的：「天堂有路你不走，地獄無門你闖進來」，無非自作自受罷了！

還有些人站在福禍之門前面，始終猶豫不決，不知道要走哪扇門，看到最後，人也老了，生命快耗盡了，還沒有進入禍福之門，就已經復歸於道了，那更是不值得。

禍福，沒有固定的變化規律，也不能計量。我們很希望一切都可以用科學計量，可是做不到。例如我現在去做身體檢查，按照計量的標準，可以活一百歲，做得到嗎？做不到。因為今天去量，一切都正常，但說不定一夜之間就產生變化了，就不正常了。然而，如果天天做身體檢查、天天測量，那更沒有意思，就意味著：我不相信自己身體好，一定要驗到發現有病為止，這樣不是跟自己過不去嗎？

這就是老子所說的「玄之又玄」，也是老子所講的「微明」——雖然變化不甚顯著，但是明眼人仍然可以看得很清楚，一切都是在逐漸改變中的。潛藏的變化最為要緊，因為原先很細微的徵兆，慢慢就會轉變成一個大的結果。可是一般人只會說：「唉呀！看不清楚，等看清楚了再說」，但是往往在看清楚的那一刻，就大勢已去，悔之晚矣了！

我們到底是要在「安定中求進步」，還是要在「進步中求安定」呢？這也是討論了很多年的問題。其實，「安定」是本，本立而道生。「進步」是末，末是變化的，是現象，它不是「道」的本體。所以，我們只能說，在「安定中求進步」，而不是在「進步中求安定」。因為一旦把重點放在「進步」上，就根本「安定」不下來，這裡有一個本末、先後、輕重的關係。

我們整體社會正在快速發展當中，現在學習《道德經》，就是要人們冷靜地思考一下：我們如何在安定中求發展？當物欲橫流、人心浮動之際，我們更應該認真思考：人的一生，究竟要如何度過？老子說：「我有三寶，持而保之」，那麼，老子所說的「人生三寶」，究竟有哪些呢？

老子在《道德經》第六十七章，很具體地告訴我們：「我有三寶，持而保之」，我很堅定、長久地保守住這三個寶貝。哪三個寶貝呢？「一曰慈、二曰儉、三曰不敢為天下先。」這是為什麼呢？因為「慈故能勇，儉故能廣，不敢為天下先，故能成器長」。

「慈故能勇」，因為慈愛，人們才會勇敢，動物也是一樣。例如母雞，看到有其他動物想要奪取小雞時，牠會表現得比誰都凶猛。媽媽平常很柔弱，因為女性本來就比較溫柔，可是為了保護子女時，她卻能夠表現出比誰都勇敢的態度。然而，一旦事情過去後，媽媽可能會流淚、會發抖，會說自己怎麼可能那樣、當時真是嚇壞了……這類的話語。其實，這就是「慈」的力量。「慈」的力量是很大的，這就是「柔中有剛」、「陰中有陽」的具體表現。

「儉故能廣」，節儉就可以做得更廣泛、更節省精力，可以走得更遠。所以，我們今天常常講：「休息是為了走更遠的路」。為政者節省經費，是為了要做更好的服務；我們儲存資源，是為了讓後代子孫能夠永續使用，這樣才會廣。不然，一下子就把資源耗盡了，後代子孫將會無以為繼。

世人對於「慈故能勇」和「儉故能廣」，並沒有什麼爭議。爭議比較多的，是「不敢為天下先」。現代人經常天不怕、地不怕，偏偏就是要做「敢為天下先」的人。老子所講的「不敢為天下先」是什麼意思呢？它真正的意思是「不忘本」，而不是指「先後」。先後沒有什麼了不起，它只是暫時性的，因為先會變後，後也會變先。「不敢為天下先，故能成器長」，整句話的意思是：我不忘本，反而能夠成為萬物之長、萬物之靈。

炎黃子孫最痛恨的行為就是「數典忘祖」，認為一個數典忘祖的人，根本就不配為人。有這麼嚴重嗎？當然嚴重了。什麼叫做「根本」？「道」就是根本，天地就是根本，自然就是根本，人再怎麼有創造力，再怎麼隨機應變，再怎麼靈光，都不能夠離經叛道，不能違背道，不能忘其根本所在。

> 「不敢為天下先」的真正意思，是指做什麼事都不能離開「道」。但是人們常常把這句話理解為：因為槍打出頭鳥，所以無論做什麼事，都不要跑到別人前面去。所以有人認為老子的思想是消極的、是現代社會所不可取的——難道老子真的是反對創新嗎？

如果對中國文字有所瞭解，我們就很容易認知中國人的話，都具有兩面性。「不敢為天下先」就是「敢為天下先」；「敢為大下先」就是「不敢為天下先」，兩者之間，並沒有什麼不同，只是說法不一樣而已。當我們說：「不敢為天下先」的時候，同時也包含著另外一層意思——如果情況合理，而且順應自然的話，「敢為天下先」也沒有關係；當我們說：「敢為天下先」的時候，同時也包含了——當時機不恰當的時候，「不敢為天下先」也沒有什麼不對的意思。

中國人講話，厲害就在這裡，我們要懂得變通。「是」裡面含有「不是」，「不是」裡面含有「是」；「善」裡面有「惡」，「惡」裡面也有「善」；「要」會變成「不要」，「不要」也會變成「要」，這些需要多花一點時間好好體會。這也是《易經》當中「一陰一陽之謂道」所帶來的啟發，而且，幾乎諸子百家的思想裡面，都含有這麼一種變動性。因為整體環境是變動的，人怎麼可以固定不變呢？炎黃子孫有一種很高明的做法，那就是「本立而道生」——凡事只要掌握住其根本，就能隨機應變而不出差錯。我們是站在「不要」的立場來「要」，站在「沒有意見」的立場來「發表意見」，站在「不敢為天下先」的立場，來「敢為天下先」。

三寶之中，以「慈」最為重要。一個具有慈愛之心的將領，在戰爭中必定能夠得勝。但是，以慈愛之心來節儉，並不等於事事節省、錙銖必較。當媽媽的再怎麼節儉，只要逢年過節，一定會幫小孩買件新衣服，這叫做「當用不省」。可惜現代人經常只講「愛」、不懂「慈」，一天到晚把「愛」掛在嘴邊，動不動就說：「我愛死你了」這種話，這樣的人，根本就是腦筋太簡單了。唯有「慈」，才能廣；只有「慈」，才能勇。愛是自私的，因愛生恨的事，我們也時有所聞，但是「慈」，從來就不生恨。

講到這裡，我們就要進一步探討：如果人類在生活中重視節儉，愛惜物力、人力、時間、金錢，事事約束自己，那麼，人生還有樂趣嗎？其實人生的樂趣，就是在生活當中，不斷地提升自己的道德修養。做到有一天，自己多少也能夠擁有一點教化的能量，那就非常好了。在《易經》裡面有一句話「先天而天弗違」，就是形容修道有成之人，連自然都願意尊重他，願意助他一臂之力，而不加以違逆。能夠做到這樣，就是道家修養的極致展現。

老子的著作，之所以名為《道德經》，意即昭告世人：做為一個人，最重要的就是道德。所以，下一章我們要深入探討：為什麼道德如此重要？

道可道非常道
名可名非常名
無名天地
之始有名
萬物之母
故常無欲以
觀其妙常有
欲以觀其
徼此兩者
同出而異
名同謂之玄玄之
又玄眾妙之門
道德經的奧祕

第十三章

有道必有德

第十三章 有道必有德

《道德經》講的是「道」和「德」。對炎黃子孫而言，道德就是一種信仰。幾千年來，凝聚著中華民族的力量，並不是宗教信仰，而是道德。那麼，「道」和「德」之間，究竟是什麼樣的關係？如果說「道」，就是大自然發展變化的規律，存在於天地之間，那麼「德」又是什麼？存在於哪裡呢？《道德經》所講的道德，和我們現代人所認知的道德，又有什麼不同呢？

老子跟孔子見過面，這件事情儒、道兩家都沒有意見，很可能就是事實。至於他們談了些什麼，我想有一部分是被記錄下來，有一部分則是存而不論了。為什麼存而不論？因為整個學說，隨著時代的變遷，多多少少會有些改變，已經沒有必要議論了。

我們現在來假想一下當年老子和孔子見面的情況——老子對孔子說：「你所講的那些人，都已經歸天了，都是古人了。伏羲當年沒有文字，也沒有足夠的語言，無法將自己想要表達的思想，訴諸語言、文字，所以只好一畫開天，這是不得已的事情。文王時代已經有了文字，所以他就在象的後面，配上一些卦、爻辭加以解釋，做為傳承。」

孔子認為自己是述而不作的。但是老子認為，如果大家都述而不作，那中國就沒有本體論，就沒有宇宙論了。所以老子說：「那好吧，這部分工作就由我來做。」他們兩個人談完以後，就各自分工了。兩者是互補的，既沒有衝突，也沒有矛盾。

全世界只有一個「道」，不單只是道家在講，儒家也講，諸子百家通通都講。這個「道」，就是《易經》的「道」，叫做「易道」。一般人都認為《易經》是由兩大部分所組成，一個是「義理」，一個是「術數」。現在我們應該清楚，除了義理、術數之外，其實還有第三個部分，那就是「道德」。而解釋《易經》中的「道德」部分，就是由老子所領軍的道家。

《道德經》是老子的專著，從頭到尾都是他的口氣，一氣呵成，講的就是兩個字——道德。為什麼老子這麼重視道德？其實我們現在所認為的道德，跟老子當時所講的道德，是有一些差異的。可見不論什麼話，傳來傳去，傳到最後都會歪斜、失真。

道德一詞，經常是我們用來評判一個人，或是一個社會好壞的標準。例如說：某個人道德高尚、某個人道德敗壞。或者說：哪個國家的社會道德底線崩潰、哪個政府非常重視道德。然而，我們是否清楚道德的真義？老子所講的道德，和我們一般人所說的道德，又有什麼不同呢？

老子所講的道德是什麼呢？就是他假設宇宙有一個本體叫做「道」，而這個本體是永恆存在的，是在地球尚未形成以前就有的，這是老子給我們最大的啟發。

「道」在宇宙當中永恆存在。植物會枯萎，動物會死去，但是存在於宇宙中的「道」，卻是始終不變的。《易經》告訴我們，宇宙中有不易的部分，那就是「道」。可是，「道」既看不見、聽不到、摸不著，也聞不到它的氣味，那該怎麼辦？

答案很簡單，就是從人的行為來看，就可以觀察到。所以老子說，在天地之間的叫做「道」，在人身上的叫做「德」。每一個人身上都有「道」，如果沒有「道」，人就活不成了。既然人生而有「道」，就應該把它發揚光大。

道生萬物——「道」把人創造出來，然後就陪伴著人一輩子，不會離開。但是「道」有一個很可貴，而且很可愛的特質，就是它不會主宰人，叫做「長而不宰」，它讓人成長，它養活人，但是卻不主宰人。我們每一個人都是父母生的，剛出生的時候都差不多，但是後來的行為，卻是差異很大。有人這樣、有人那樣，有人這麼說、有人那樣唱，說明「道」是很寬廣的，它給人們自主和自由。可是這個自由，跟現代人所講的自由不太一樣。自由不等於放縱，凡事並非只要我喜歡就可以恣意妄為。

老子在《道德經》第三十二章說：「萬物將自賓」。「自賓」的意思，是說人要覺悟：我不是地球的主人，只是地球的客人，要把自己視為宇宙的過客。老子希望人類要有自知之明，要知道客人必須尊重主人的環境，不能任意破壞它。有了這樣的認知後，我們就比較容易自我約束，不去做出傷害宇宙的事情。

老子所講的「自賓」，用現代話來說就是「自由」，但是，必須先把自由的流弊洗刷掉。因此，人必須要有德。既然生活在地球上，是地球的客人，我們自己就要守分、要規矩。用老子的話來講，就是要按照「道」的要求去表現。

我們每一個人，都是從「道」中來，最後也要回歸「道」裡去。雖然「道」是看不見、摸不著的，但是一個人是否循「道」而行，可以從他的所作所為中加以檢視。也就是說，「德」就是「道」在一個人身上的具體表現。但是，如何才能判斷一個人的「德」究竟是好還是壞呢？

如果我們表現得合乎「道」的要求，那就是「上德」；如果表現得不合乎「道」的要求，那就叫「失德」。所以，「德」就是要我們按照自己身上原有的「道」去發揮、發揚。佛家時常提醒我們，做人要「明心見性」。這裡所講的「性」，就是指「人性」。人性是「道」賦予人類的。「道」賦予狗的是狗性，賦予貓的是貓性，賦予豬的是豬性，賦予植物的是植物性，而賦予人的當然就是人性。一個人表現得合乎人性、合乎自然規律，那就是有德之人，也就是所謂的「得道高人」。為什麼稱為「得道高人」呢？就是因為他把與生俱來的「道」，全部發揚出來了。反之，如果沒有這樣做，很顯然就是失德。

人要為自己的言行負起百分之百的責任，人生的定律就是「自作自受」四個字。偏偏我們經常把責任推給別人，把好處攬給自己，這是不對的。老子不否認我們有是非，也不否認我們要講仁義，他只是提出一個跟一般人不同的看法——是非的判斷標準，要看合不合於「道」。

現在有很多人，是假借仁義之名，行不仁不義之事。歷史上也經常可以看到這樣的例子，有些人滿口仁義道德，做出來的事情卻是令人不齒的。現代人不是沒有是非觀念，而是是非的標準已經偏斜了，已經違道了。所以老子提出「反者道之動」的觀念，希望藉由「道德」的力量，讓我們能及時返璞歸真。老子的書以「道德」為名，可見他對此非常重視。

老子認為，人要依道而行，才是上德；如果背道而馳，就是失德。在當今物欲橫流的社會中，由於價值觀的混亂，導致道德的缺失。打開電視，經常會看到一些惡形惡狀、駭人耳目的新聞報導。雖然人們已經開始意識到道德的重要性，但是依靠道德，真的能使我們返璞歸真嗎？

老子在《道德經》第二十章說：「眾人熙熙，如享太牢，如春登臺」。「眾人熙熙」，大家都興高采烈；「如享太牢」，就好像參加豐盛的宴席，享受著祭祀用的牛、豬、羊一樣；「如春登臺」，好比春天登臺遠望，欣賞美麗的景色。這三句話是形容一個人成天享樂，沒有理想，只求安逸度日——這年頭有不少人就是如此，腦袋裡面沒有東西，整天只會嘻嘻哈哈過日子。

而老子和眾人不同，他接著說：「我獨泊兮其未兆，如嬰兒之未孩。儽儽兮若無所歸！眾人皆有餘，而我獨若遺。我愚人之心也哉，沌沌兮！俗人昭昭，我獨昏昏。俗人察察，我獨悶悶。澹兮其若海，飂兮若無止。眾人皆有以，而我獨頑且鄙。我獨異於人，而貴食母」。

「我獨泊兮其未兆，如嬰兒之未孩」，老子形容自己很淡泊、很恬靜，在沒有任何徵兆、沒有情欲波動的時候，完全像個剛出生的嬰兒，無知無欲。可是，一旦成長為小孩，就開始有知識、有自我、有主張，開始會利用哭和笑，來表達自己的意願，表現對外界的喜好和欲望，這就像個小大人了，而且愈發展下去愈可怕，喜好日益偏執、欲望無止無境。所以「嬰兒」跟「小孩」，所代表的階段是不一樣的。

「儽儽兮，若無所歸」，我很懶散，好像無家可歸一樣，因為我不急，再說那麼急著回家做什麼？其實我們現在應該瞭解，回家是一條非常困難的道路。人生而為人，要回老家談何容易。有些人認為，死就死了，又有什麼難呢？事實上，死並非如同一般人想像的那麼簡單，生死是大關卡，要有智慧才能求得好生好死。

「眾人皆有餘，而我獨若遺」，每一個人都很自滿自得，只有我好像永遠都匱乏欠缺。這是老子拿自己和一般人所做的對比。「我愚人之心也哉，沌沌兮！」我好像是很純樸、很混沌、很無知。事實上，一個人能夠韜光韞玉，表現得純樸、混沌、無知，這才是最高明的。中國人經常講一句話，叫做「難得糊塗」。一個人太精明，一定跟別人處不好，大家看見他就害怕。所以，有時假裝糊塗不是很好嗎？可是又不能真的糊塗，在「裝糊塗」和「真糊塗」之間，尺寸必須拿捏得當，這需要很高的功夫、極好的修養，不是平常人可以輕易做到的。

難得糊塗，就是大智若愚，其中蘊藏著極高明的人生智慧。只有道德修養良好的上德之人，才能夠揮灑自如、游刃有餘。那麼，《道德經》中的上德之人，還會有哪些獨特之處呢？

「俗人昭昭，我獨昏昏」，老子說，一般人看起來都很亮麗、很光明、很精彩。現代很多人都把「活得精彩」當成口號，其實應該多讀讀老子的書，也許會有不同的領悟。「我獨昏昏」，我好像在昏暗裡一樣。當大家在光明處，自己處於昏暗裡時，就能夠清楚觀察到別人的一舉一動；反之，一個人在聚光燈下，就看不到別人，只能任由大家觀察，那是最不利的！但是現今有多少人能夠體會到老子的這種智慧呢？

「俗人察察，我獨悶悶」，眾人好像精明，什麼都清楚；而我好像無知無欲，既不開通、不文明，也不先進，更不時尚。然而，不管別人怎麼看，老子都無所謂。

「澹兮其若海」，我跟海洋一樣，風來就起浪，風平就浪靜。浪高浪低，與風有關，與我無涉，輕鬆自在，一點也不費力。「飂兮若無止」，像大風一樣飛揚，沒有歸宿。急什麼呢？該走的遲早要走，何必自尋煩惱。順其自然，這樣不是很愉快嗎？

「眾人皆有以，而我獨頑且鄙」，每個人都很有能力，而我卻很愚鈍、很鄙陋、不長進。

「我獨異於人，而貴食母」，我就是跟別人不一樣，別人都很時尚，而我偏偏不是這個樣子的。為什麼？因為「貴食母」，我最重視的是見素抱樸，我守住做人的基本道理，把「道」的根源牢牢地抱住，就可以成為上德之人。

既然是上德之人，老天自然就會照顧。前面講過，老天是不照顧任何人的，怎麼會單單照顧上德之人呢？其實這是沒錯的，因為老子也講：「天道無親，常與善人」——「道」沒有什麼親戚朋友，但是它常常跟善人在一起。善人就是有德之人，一個人有道德，老天就會跟他在一起；老天跟他在一起，他的「道」就能夠發揚，等於是老天在照顧他。老天不危害任何人，只是公正地照顧應該照顧的人。

幾千年來，凝聚著炎黃子孫的力量，並非宗教而是道德。換句話說，中國人所信仰的就是道德。那麼，「道」與「德」之間，還有哪些不可分割的關係？為什麼說「有道必有德」呢？

道德是人類最高的信仰，是每個人都應該身體力行的。老子在《道德經》第二十一章說：「孔德之容，惟道是從」。「孔」就是大的意思，講的就是「道」。我們把「道」弄明白，並且把它表現出來，就是有「德」。所以，「道」跟「德」是分不開的。大德的表現，完全隨著「道」而轉移。「道」是「德」的本體，「德」是「道」的發揚，兩者互為表裡。

在第二十二章，老子又說：「聖人抱一為天下式」。為什麼用「一」？因為「一」就是少，少就是「道」，「道」就是簡。凡是少，就有得。因為少，才可以慢慢增加。「道」就是專門給少的人，一旦多了，就會溢出來給別人。所以「抱一」，可以為天下的模範。我們要做給別人看，而不是要去教別人，也不要去禁止，更不要硬性規定別人非得如此不可。用道德感召他人，是最方便有效的。當別人自然而然起身跟隨，甚至不自覺正在跟隨的時候，就是最了不起的境界。

如何能夠做到這一點呢？老子接著說：「不自見，故明；不自是，故彰；不自伐，故有功；不自矜，故長」。「不自見，故明」，不自我表現的人反而高明，如果老是誇口自己如何厲害，別人一聽就會生厭。

「不自是，故彰」，不自以為是，別人反而更尊重你，認為你最瞭解。「不自伐，故有功」，不誇耀自己的功勞，大家反而會說這功勞是你的。「不自矜，故長」，一個總是自負的人，是很難有所長進的。不自負，也不認為自己有能力，反而能夠成長得很快。老子的這幾句話，就是在表達「曲則全」——只有委屈才能求全。能伸不能屈，最終只會遭受摧折的命運。

大家都喜歡長長久久，唯一的辦法，就是多增加道德修養，所以老子在《道德經》第二十三章說：「故從事於道者，同於道；德者，同於德；失者，同於失。同於道者，道亦樂得之；同于德者，德亦樂得之；同於失者，失亦樂得之。」

「故從事於道者，同於道」，「道」本來就在你身上，但它不會自己發揚出去，而是要你隨時隨地把它表現出來。孔子也講過同樣的話：「人能弘道，非道弘人」。「同於道」，就是你得到道了，與道同行，不做違反自然規律的事情。「德者，同於德；失者，同於失」，你表現得有德性，就得到德；你表現得失道、失德，你就失去了道，失去了德。所以得與失，其實跟「道」有著密切的關係。「同於道者，道亦樂得之」，你跟道一同，道就跟你一同。「同於德者，德亦樂得之」，你表現得有德性，德性就在你身上，別人搶也搶不了。但不幸的是，也有很多人是「同于失者，失亦樂得之」，專走旁門左道、邪門歪道，如此一來，失道、失德也就如影隨行，揮之不去了。

「道」是用來保護人的。道德是什麼？道德就是「弱者道之用」的主要力量。有道德的弱，才能勝強；不道德的弱，就是偽裝，很快就會被所有人看穿，趁機就把他剷除掉了。所以，一個人表現柔弱，不見得就能占到便宜。弱要勝強，所憑藉的是什麼？答案就是道德。那麼，我們接下來還有一個疑問：老子為什麼主張「小國寡民」？現在都已經進入地球村時代了，還在主張「小國寡民」，行得通嗎？很多人對此充滿疑惑，所以下一章，我們要深入研究：老子為什麼主張「小國寡民」？

道德經的奧祕

道可道，非常道；
名可名，非常名。
無名天地之始；
有名萬物之母。
故常無欲，以觀其妙；
常有欲，以觀其徼。
此兩者，
同出而異名，
同謂之玄。
玄之又玄，眾妙之門。

第十四章

以德治國

第十四章

以德治國

無論是「小國寡民」，還是「治大國，若烹小鮮」，都體現了老子的治國理念。老子認為最高明的政治，就是讓老百姓都能安居樂業，卻不會感覺到政治的存在，就有如魚離不開水，但又感覺不到水的存在一樣，這就是「以德治國」。但是，老子數千年前的治國理念，現在還行得通嗎？目前世界各國都強調「以法治國」，那麼「德治」和「法治」之間，又該如何協調配合呢？

如果我們有機會向老子請教：「您為什麼主張小國寡民？」相信他一定會笑著回答：「我也講過『治大國，若烹小鮮』啊！」可見「大」、「小」不是問題。

老子在《道德經》第八十章說：「小國寡民，使有什伯之器而不用，使民重死而不遠徙，雖有舟輿，無所乘之；雖有甲兵，無所陳之。使民復結繩而用之。甘其食、美其服、安其居、樂其俗，鄰國相望，雞犬之聲相聞，民至老死不相往來」。

乍聽之下，老子的說法似乎不近人情，不瞭解時代的變化，一定要把我們拉回到從前一樣，但事實上不然。正因為老子具有與時俱進的觀念和思想，才能從變化之中，找出恆久不變的東西；才能從變易的現象中，把握住不變的法則。

縱觀全球，現今每個國家無論大小，不管實施什麼樣的政體，一定都會發展出「社區」的概念。在社區的小單位裡，人們通常彼此熟悉，能齊心努力，發揮守望相助、同舟共濟的精神。

文化都是自然孕育而成的。不管在任何一個地方，當地的文化，絕對不是少數人登高一呼，或是行政命令一下，就可以立刻形成的。約定俗成的習慣，經過長時間的沉澱和流傳後，就會自然形成了風俗。中國地大物博，所謂「百里不同風，千里不同俗」，對於同樣一個事件的處理，大家的方法都不盡相同，這種狀況很難改變，因為這是長期積累下來的結果，也就是風俗使然。再說，也沒有必要求其一致。領土要統一、對外要統一，但是對內，還是可以求大同而存小異，這樣比較合乎自然。

「小國寡民」並不是什麼都沒有，也有「什伯之器」，也就是現代所說的武器。但是，既然不用，那為什麼要有呢？目的是為了避免其他國家找麻煩，所以只是備而不用。「使民重死而不遠徙」，「重」，就是重視、珍惜，老百姓很愛惜、很重視性命，因此不隨便向遠方遷徙。有人說，現代人都是異鄉遊子，以四海為家——這是只著眼於短期，沒有看到長期。事實上，很多人出去闖盪，一陣子就回來了。很多人在異鄉待了一輩子，臨到老，又不辭千辛萬苦，必定要落葉歸根。人有的時候會因為種種原因，而不得不遠離家鄉，但內心深處，始終會對家鄉懷有一份難以抹滅的思慕之情，特別是炎黃子孫，只要一有機會，就必定要回歸故鄉。

「小國寡民」是老子理想中的國家形態。這個國家，並不干涉人民的意志，採取求同存異的方法，讓一切自然孕育。國家備有武器，但不需要使用，這就意味著太平盛世，老百姓自然不願意離開這樣的國家。除此之外，老子的「小國寡民」還具有哪些特點呢？

「雖有舟輿」，「舟」就是船，「輿」就是車，有車有船，但是「無所乘之」。如果能在一個地方待得好好的，就沒有必要乘船坐車，四處奔波。現代社會有一個嚴重問題，就是人口大量向都市集中，造成很多麻煩。對照老子所講的這幾句話，我們是不是應該設法縮小城鄉的差距，讓更多人願意留在家鄉服務，而不必擠到城市裡去？用這樣的角度思考，就會得到很多啟發。

「雖有甲兵」，雖然有盔甲、士兵，可是「無所陳之」，就是不必向外去展示，或者到處去演習嚇唬別人。現在我們是逼不得已，因為各國都這樣做，我們就不得不如此。但是，我們這樣做的目的，並不是要跟誰比賽，或者非要壓倒誰，這是沒有必要的。人不犯我、我不犯人，可見老子對我們炎黃子孫的影響是極其深遠的。

「使民復結繩而用之」，老子真的想要我們回到結繩記事的原始狀態嗎？絕對不是這個意思。讀古人的書，不要局限於字面的意思，否則就變成文字遊戲了。「結繩而用之」，意指過著單純樸素的生活。如果有機會，再恢復古代那種很簡單、很純樸的生活，你會有什麼感覺？其實現代有很多人，已經正在過著這種生活了。放棄高職位、高所得，到鄉下買一塊地，召集一些志同道合的人，實現自己的理想，這就是現代版的「小國寡民」——捨棄衣食物質享受，不求賺取高薪厚祿，只跟那些志同道合的人互動，過著一種自給自足、與世無爭的愉快生活。

「甘其食」，吃什麼並不重要，感覺才比較重要。「美其服」，什麼衣服穿起來才漂亮，其實並沒有客觀的標準。每一個民族，都有不同的服飾，各有不同的美感，沒有辦法互相比較。「安其居」，雖然房子很簡陋，但只要住得心安，總比一天到晚恐懼被土石流衝垮、被颱風吹走、被小偷竊取財物要好得多。「樂其俗」，風俗習慣大家都樂意遵循，就表示這裡的風俗習慣是很優良、很合乎人性的，讓人身處其中，感覺很自在、很安心、很愉快，不會老是在羨慕別人。人最怕的，就是不斷地羨慕別人，要向別人看齊，而不想做自己。

「鄰國相望」，就像現代公寓的樓上和樓下，能聽到彼此的聲音。我家養了一條狗，你能聽到狗叫聲；你家小孩晚上哇哇哭，我也知道，這就叫做「雞犬之聲相聞」，但是「民至老死，不相往來」，為什麼？因為我尊重你，你也尊重我，那我還打擾你做什麼呢？但這並不意味著人與人之間，有一種很疏離的感覺。有事情還是大家一起商量，沒事就各自安居樂業，保持生活上的安寧，這樣有什麼不好呢？因此，該往來的時候就往來，該尊重對方時就互相尊重，這是我們應該養成的生活禮節。

「小國寡民」現在是不是已經實現了呢？其實，我們今日已經把「小國寡民」的概念，換了一種說法，叫作做「社區」。現代有很多社區，通常跟外界是不相往來的。社區裡也有警衛，但不是用來打仗的。社區風氣良好，居民住習慣了，也就不會想要搬遷到其他地方。

老子理想中的「小國寡民」，為我們描繪出一個世外桃源般的美好世界。如果一個很小的國家，按照這樣的方法加以治理，也許是可行的。但是，對於像中國這樣，有著十幾億人口的大國，又該如何治理呢？「小國寡民」的治國理念，能運用到世界任何地方嗎？

在《道德經》第六十章，老子又說了另外一番話：「治大國，若烹小鮮」。煎魚，要翻面才能熟，可是一翻面，又很容易把魚弄爛，所以「烹小鮮」時不能反覆翻煎。而治理大國，也應該像烹煮小魚般小心謹慎，才能把國家治理好。

老子不反對大國，因為「道」本來就是很大的，為什麼一定要小呢？可是老子為什麼要講「小國寡民」？我們有必要深入瞭解一下。老子只是提出一種主張、一種構想，供大家做為參考。他的意思是說，政治要跟人民的生活合一，要按照人民的需要來行事，但並不是用現代人所講的民意調查這套方式。民意調查只是形式，很容易被人為所操控。老子的意思，是為政者必須真心真意，體察人民的需要，瞭解應當如何作為，才能讓老百姓都生活得很安寧、很喜悅，然後朝這個方向去努力。同時，要潤物細無聲，不要驚動老百姓，不要表現出居功自大的心態。

政治是為了人生，而人生不是為了政治。百姓本來過得很好，但政治卻千方百計地來干擾百姓，如此一來，百姓就會覺得這種政治實在太可怕了！百姓本來各過各的，在有了社會、有了組織、有了政治以後，能夠做到四個字，那就是最高明的政治了。哪四個字呢？就是劉備當年講的「如魚得水」——魚生活在水中，但並沒有感覺到水有多重要。如果魚感覺到水很重要、自己不能一刻離開水，就會開始感到緊張、憂慮，說不定哪天就真的活不了了！

政治不能不依「道」而行，因為政治的目的，就是要幫助百姓過著發揚道德的生活。因此，最好的寫照就是「返璞歸真」這四個字。「返璞」是什麼？就是人們過著一種雖然有欲望，但是不過分；追求滿足感，但不耽溺於享受的生活。現代人處於五光十色的社會中，欲望經常是無止境膨脹，光是滿足還不夠，更要追求享受、享樂，所以搞得每個人都很辛苦、社會氣氛緊張不已。

在《道德經》第六十章，老子接著說：「以道莅天下，其鬼不神；非其鬼不神，其神不傷人；非其神不傷人，聖人亦不傷人。夫兩不相傷，故德交歸焉」。「以道莅天下，其鬼不神」，「莅」同蒞，意指臨。用清淨無為的「道」來治理天下，就算真的有鬼，也不會傷害人。「非其鬼不神，其神不傷人」，不但鬼不會傷害人，就算是神，也不會傷害人。大家或許會覺得奇怪，神會傷害人嗎？其實神只要被人操控、被架空、被利用，照樣會傷害人，這樣的案例太多了。舉凡裝神弄鬼的，不就是在害人嗎？「非其神不傷人，聖人亦不傷人」，不但神不傷人，聖人也不會傷人。大家或許又會覺得奇怪，聖人難道也會傷人？答案當然是肯定的。鬼不傷人，神不傷人，聖人也不傷人，「夫兩不相傷」——明明是鬼、神、聖人共三個，為什麼講兩個呢？因為鬼神是一對的，所以「兩」可以包括「三」。「故德交歸焉」，所以人們就可以不受打擾，能夠安心修道了。

人生苦短，一個人即使活得再長，也不過百年而已，這麼寶貴的光陰，要做什麼呢？如果拿去做那些無謂的事情、做那些傷害自己的事情，做那些對別人不利的事情，豈不是浪費生命嗎？那麼，人生最重要的工作是什麼？就是先前一再強調的「修德」。我們要返璞歸真，把心收回來，不要被欲望搞得暈頭轉向，如此一來，才能將心力投注於「道」，才聽得見「道」的聲音，才知道應該如何去行「道」。

老子所說「最高明的政治」，就是讓人民感覺不到政治的存在，就像魚生活在水裡面，離不開水，卻又不會感覺到水的存在。在這樣寬鬆愉快的氛圍裡，無論鬼神，都不可能有興風作浪的機會，百姓自然能夠修道歸德。那麼，身為治理國家的官員，應該如何作為，才能達到這種最高明的政治境界呢？

在《道德經》第六十二章，老子就提出了非常清楚的看法：「故立天子，置三公，雖有拱璧，以先駟馬，不如坐進此道」。為什麼要「立天子，置三公」？就是因為人必須過著群居的生活。可是眾人群居在一起，若是沒有領導者，沒有組織的話，怎麼商量事情？怎麼知道要如何做，才會讓大家都安居樂業呢？因此一定要有組織，而這個組織就叫做「政治」。在奉立天子、設置三公的時候，「雖有拱璧以先駟馬」——這是古代奉獻的禮儀，為表隆重，故禮輕的在先，禮重的在後。也就是先送上價值較輕的大塊璧玉，再送上價值貴重的四匹駿馬。但是在老子眼中看來，這些形式、儀式，只是表面風光而已，還不如「坐進此道」，跪著把大道獻給人民。「坐」是跪的意思，因為古代是席地而坐，所以坐著就是跪著。

跪著奉獻，就叫「坐進」。「坐進」什麼？當然是「道」。政府能夠幫助百姓，過著合乎「道」的生活，這才是最為理想的政治。

《道德經》第四十九章說：「為天下渾其心」。「其」，指的是治理天下的人。想替天下百姓做事情，就必須要有很樸素、很純真的心理準備，不能愛做什麼就做什麼。從政者要「無常心」，這個「無常心」也就是莊子所講的「無成心」——從政者無知無欲，沒有私心，跟百姓打成一片，時常傾聽百姓的意見，但並不是完全的言聽計從。

今日的政府官員，常會將「傾聽百姓的聲音」掛在嘴邊，這樣究竟對不對呢？事實上，百姓是一盤散沙，各人有各人的生活方式，因為「道」是很寬廣的，每個人都可以有各自的選擇，政府實在沒必要管太多，但是又不能放任不管，這就是政治的奧妙之處。所以，傾聽百姓聲音是必要的，但並不意味著必須全盤接受，而是要以智慧加以分析，以便能作出此時、此地、最合理的決策判斷。

老子認為，做為治理國家的官員，與其拘泥於那些繁文縟節，還不如真誠地幫助百姓們過著順其自然的生活。然而所謂的「百姓」，就是一個很龐雜的群體，體力強弱有分，智力高下有別，道德水準也參差不齊。一個好的政治家，應該如何管理群眾，才能達到國治民安的境界呢？

我們再回頭看《道德經》第三章：「是以聖人之治，虛其心、實其腹、弱其志、強其骨，常使民無知無欲」。真正好的政治家，是怎麼做的呢？就是要對百姓實施教化。換句話說，「教化」就是為政者的首要之務。

「虛其心」，就是要淨化百姓的心思，不讓他們有很多亂七八糟的想法。其實政府只要不鼓勵、不宣傳、不推動，讓一切順其自然，很多不良的東西，就會隨著時間過去，自然而然地消失於無形之中，根本就沒有明文禁止的必要。因為百姓也是很聰明的，大家都會察言觀色，會看社會潮流的走向，然後決定自己應該怎麼做。

「實其腹」，政府要滿足百姓什麼？答案是「口腹之欲」，讓百姓都能吃飽穿暖，把自己和家人安頓好，規規矩矩地把「道」修好，做一個有德之人，做一個對全世界、全人類有所貢獻的人。

「弱其志」，意指削弱心志，不要一天到晚亂出主張。「強其骨」，就是要把身體鍛鍊好，才有餘力修道，否則一天到晚生病，怎麼有空閒做別的事情？所以，老子要人們看重身體，因為身體雖然不是目的，但卻是非常重要的工具。一旦沒有身體，還談什麼修道、行道？然而，有了身體，不修道更糟糕，那就是為非作歹。

「常使民無知無欲」。老子所說的「無欲」，並不代表「禁欲」。歷代聖人從沒有要求我們禁欲，也沒有要求我們把所有的書都燒掉，因為這樣做根本沒用。尤其是現代人只要上網，隨時隨地都能看到各式各樣的東西。其實，身處網路時代的我們，更應該佩服老子「無知無欲」的智慧洞見，否則大家上網一看，發現：我可以自製武器，我可以自製毒品，然後就跟著學、照著做，豈不是太糟糕了嗎？當一個人面對五花八門的知識時，必須培養出「篩選」與「自制」的能力，把自己定位成地球上的客人，要維護主人的環境而不任意加以破壞，不做出貽害子孫的事。否則，一旦知識凌駕於道德良知，人類就會從「萬物之靈」淪為「萬物之賊」了。

在《道德經》第五十八章，老子是這麼說的：「其政悶悶，其民淳淳；其政察察，其民缺缺」。父母官就是要讓百姓過得很溫暖、很幸福，感覺自由自在。這一點，為政者務必要好好體會思考。「悶悶」

是昏暗不明貌。看起來好像昏暗不明，什麼都沒有做，但是百姓卻生活得很自在、很安寧，而且品德修養也愈來愈好。這是什麼道理呢？就是百姓有更多的時間去專心修道。假如一個國家的百姓，品德修養不斷提升，什麼事情都能自己管理得很好時，還需要太多的法令加以約束嗎？當然不需要。

「察察」是條理清晰、嚴明的意思。用嚴刑竣法治理國家，表面上看起來是明察秋毫、井井有條，但百姓也會因此感覺處處受限，甚至認為凡事只要不違反法令就好，如此一來，反而喪失了羞恥之心。為政者這樣做，等於是鼓勵百姓投機取巧、走旁門左道，因此百姓的品德也就日漸敗壞。

> 老子的治國理想是「以德治國」，老百姓依道而行，自我約束、自我調整、自我發展。國家的統治者，不要過分打擾百姓，讓社會真正回歸自然。但是，老子幾千年前的治國理念，現在還可行嗎？目前世界各國都強調以法治國，那麼，「德治」和「法治」之間，又存在著什麼樣的關聯性呢？

老子清楚地告訴我們：「以法治國」就是破壞社會和諧，但社會又不能沒有法治，所以寧可讓法備而不用，最好能做到讓百姓自動維護法令、自發性守法，就好像沒有法令存在一樣。

試問，一個人為什麼不敢闖紅燈？有些人會回答：「因為闖紅燈會被罰款」。坦白講，如果只是因為怕違法、怕被罰款才不敢做，層次是比較低的。我們應該這樣想：「我不闖紅燈，是因為不想干擾到別人，不能讓別人不安全。如果別人不安全，就是自己不安全。」如此一來，就不是守不守法的考量，而是品德修養的問題了。能夠這樣思考，就不是「依法行事」，而是「依道而行」了。「法」的功能，只是提出一個規則，告訴我們應該怎麼做才能「上道」——幫助我們走上「道」的正常途徑。換句話說，「法」只是手段，不是目的。

若是只強調「依法治國」，無異於鼓勵「以暴治暴」，這是老子非常不贊成的作法。我先壓制你，然後取締你，最後把你抓住，把你關進大牢裡——這是世界上很多國家都在做的事情。但是，我們回頭看看老子的主張，就不難發現，光是「依法治國」是不夠的，為政者必須更進一步，讓百姓都能得到好的教化，也就是「無知無欲」，才是長治久安的根本之道。

「無知」，並不是說一個人沒有知識，可以讓別人任意欺騙；「無欲」，也不是指一個人表現得沒有欲望，假裝自己是修道之人，因為這樣是虛偽的、沒有意義的。那麼，「無知無欲」到底是什麼意思？做人一定要「無知無欲」嗎？下一章，我們就要進一步探討：無知無欲的真義。

道可道，非常道。
名可名，非常名。
無名天地
之始有名
萬物之母
故常無欲以
觀其妙
常有欲以
觀其徼
此兩者
同出而異
名，同謂之玄。
玄，同謂之玄。
玄之又玄，
眾妙之門。

道德經的奧祕

第十五章

無知無欲

第十五章

無知無欲

《道德經》中的「無知無欲」，常常被解讀為：沒有知識就沒有欲望。然而，現代社會卻強調：知識就是力量、知識改變命運。老子的主張，怎麼會和現代社會的主流價值觀完全相反呢？我們究竟該如何解讀「無知無欲」呢？在當今這個物欲橫流、人人追名逐利的時代，「無知無欲」又能為現代人帶來什麼樣的反思呢？

有人問，老子真的要我們「無知無欲」嗎？這要看怎麼解釋「無知無欲」這四個字。「無知無欲」是不是要我們變成木頭人？當然不可能！何況人活在世界上，是有責任的。第一，要使自己能夠生活下去。如果連生存都有問題，還奢談什麼理想呢？第二，人要生存，要生活，就必須有知識，有智慧，有一些欲望。什麼都不要的人，是不懂得生活的人。然而，如果一個人活著，只是為了自己的生存、自己的生活，那這個人也沒有什麼價值可言。

做為現代人，我們應該更進一步、更深一層地去瞭解人類的責任。因為近四百年來，人類已經離「道」愈來愈遠了。我們幾乎快要把這個世界搞垮了，幾乎快要把人類滅絕了！「滅絕人類的，永遠是人類自己」——這句話，我們一定要牢牢記住！所以，現代人的責任，是遠遠超過前人的。

說起來既可笑又無奈，我們現代人的最大責任，就是在自己的有生之年，不要使人類毀滅。很多人想不通，覺得一個人是生或死，跟人類毀滅有什麼關係呢？再說，如果人已經死了，跟人類毀滅就更沒有關係了。其實不是這樣的。如果讀老子的書讀到現在，還這樣解釋，就表示還沒有讀通。「只要我活著，就不讓人類被毀滅」，這句話的意思是說：人的生命是有限的，死去之後，雖然無能為力，但是要交給後代的人繼續完成。只要每一個人，都能克盡一己之力，在自己的有生之年，不讓地球被破壞到足以使人類毀滅的程度，能這樣做就對了！

人必須要有知識，必須要有欲望。從這個角度來看，就知道老子不是禁欲主義者，否則我們也不用讀他的書了。所有古往今來的大思想家，沒有一個是主張禁欲的。如果一個人主張禁欲，只要反問他：「難道你自己一點欲望都沒有嗎？」他就回答不出來。而且，既然沒有思想家主張禁欲，當然也沒有思想家主張縱欲，因為任誰都知道，縱欲的害處太大，並不值得鼓勵。

「無知無欲」如果單從字面上解讀，通常會被理解為：沒有知識就沒有欲望。難道欲望是知識帶來的嗎？既然老子不是一個禁欲主義者，為什麼要提倡「無知無欲」？而老子所說的「無知無欲」，究竟是什麼意思呢？

講到「無知無欲」，我們一定要明白，老子不主張禁欲，也不主張縱欲，他只是把那種有禁又有縱、既不能禁又不能縱的狀態，叫做「無知無欲」。「無知」的意思不是沒有知識，而是不要有太多不必要的知識；「無欲」，不是沒有欲望，而是不要有太多不必要甚至有害的欲望。尤其是現代，小孩子只要一學會上網，就控制不了自己，還會隨著年齡的增長而愈陷愈深。

人有欲望，本來不是壞事。欲望是讓人成長的動力，也是讓人進步的關鍵。可是一旦人的欲望無窮無盡，問題也就層出不窮。舉個例子，一個人看到別人抽煙，就覺得抽煙不錯，尤其是那種把煙霧吐出來的感覺，白茫茫好像神仙一般，再加上從小就聽說「飯後一根煙，快樂似神仙」的「知識」，於是就想試試看。沒想到，一試就上癮，日後不管再怎麼深惡痛絕，就是戒不掉，能怪誰呢？

因此，我們更加佩服老子，他似乎有種先見之明，知道人類一旦有了知識，就會不斷地膨脹。用我們今天的話來說，叫做「知識爆炸」。知識一爆炸，人類就完蛋，為什麼？第一，人沒有足夠的判斷能力，不知道哪些正當，哪些不正當。第二，就算有判斷能力，也控制不了自己。剛開始說這種事我絕不做，可是看別人做，漸漸的也想嘗試看看，還自我安慰說沒關係，試一次就好。最後往往一發不可收拾，自己擋不住，別人也控制不了……一步步走向毀滅之路。這是事實，而且非常可怕。

老子當年講「無知無欲」，是看得很深、很遠、很廣的。人類需要知識，但是掌握太多的知識，有時候不但沒有用，反而有害，那還要它做什麼？現代醫學提倡健康檢查，這是好事，身體本來就應該定期檢查。可是有些人，在檢查了一次之後，覺得還不錯，馬上接著就要檢查第二次，甚至每三個月一定要檢查一次，就是非要確認自己有毛病不可，這比心理暗示更可怕。所以有些事情，人類的確有知的權利，可是也不能過分誇張。一個有智慧的人，就會瞭解世間有很多事情，知道的差不多就行了，實在沒有必要繼續深入。

舉個例子，一個母親覺得自己很有知識，在小孩子吃飯的時候，就開始滔滔不絕：「你要吃紅蘿蔔，裡面含有豐富的維生素A、C、E、茄紅素、胡蘿蔔素，對身體很好……」諸如此類，每樣事情都講。試問，小孩記得住嗎？聽得懂嗎？這位母親只是在炫耀自己的學問而已，心中還有小孩嗎？小孩吃飯時，腸胃要蠕動，如果全心全意聽媽媽講話，一定會消化不良。很多人心目中只有自己，從來就沒有別人，還覺得自己很熱心，其實這樣不但害了別人，也害了自己。

再舉一例，慎終追遠是炎黃子孫的美德，當父母過世後，兒女不可以忘記他們，要定期去墳前祭拜。可是習俗也規定，掃墓是一年一次，最多兩次，不可以常常去，因為常常去，大家就會有疑問：到底是死人重要還是活人重要？可見，任何事情都有個「度」，都有其合理的權衡標準。花早開必定早謝，果早熟一定會被吃掉，人提前有很多的知識，就連童年都不會快樂，這是人類的不幸。可是現代人反而認為這樣才是進步，那就是觀念錯誤。所以「無知無欲」——合理地追求知和欲，其實才是「知」跟「欲」最好的標準，是現代人所應該把握的「度」。而「度」是會變化的，會因人、因時、因事、因地而有所差異，所以人的頭腦要靈活，才能掌握合理的標準。

「道」是不主宰人的，這點我們要常常放在腦海裡面。「道」如果主宰人，大可把人造得十全十美，人就不必那麼傷腦筋，自然就會滿足到合理的程度，自然就會知道適可而止。然而，如果是這樣的話，人也就沒有什麼價值可言了，因為完全被擺佈，一點自主性都沒有，還奢言什麼創造力呢？因此，人必須要常常告訴自己：任何事情的「度」，都要靠自己去掌握，而且隨時要有不同的標準，這是最好的學習，也是最好的修練。

老子所說的「無知無欲」，就是告訴我們：不去追求那些沒有必要、虛妄不實的知識，更不要有違背天道，而且害人害己的欲望。對於「知」和「欲」，要做好適度的把握和控制。那麼，什麼是有益的？什麼是有害的？對於事物的善惡、是非，我們又該如何分辨呢？

老子在《道德經》第四十九章，講了這樣的幾句話：「善者吾善之，不善者吾亦善之，德善」。這是什麼意思？就是說，一般人認為是善的，我也認為是善的；大家認為不善的，我還是認為它是善的。有人說這不是糊塗嗎？不是是非不明嗎？不是無知嗎？當然，他所謂的「無知」，跟老子所講的「無知」是不太一樣的。他認為「無知」是完全沒有感覺、沒有知識；而老子講的「無知」，是說要知道以後自己應該怎麼樣拿捏尺度，才能使自己不受「知」的迷惑。二者完全不可相提並論。老子說，這種態度、心態，才是真正的德善。「德」通「得」，是得到的意思，也就是說，這樣就得到善了。

舉例來說，一個小孩子，第一次拿了房間裡的錢，你就認為他是偷，那不是在冤枉小孩嗎？小孩跑到房間裡玩，看到桌上有錢，他就拿了，這是因為他還沒有財產所有權的概念，認為只要是錢，就可以拿。然而，你卻一口咬定這小孩才幾歲，就有偷竊的行為，將來肯定完蛋了！於是為了他好，趕緊跟他講一大堆道理。小孩本來還不知道什麼是「偷」，而大人的熱心說明，反而是在告訴他原來可以偷。這是誰的過錯呢？你說你在做善事，實際上，很顯然是在做壞事。

老子接著又說：「信者吾信之，不信者吾亦信之，德信」。對方講信用，我也對他講信用；對方不講信用，我還是對他講信用，這樣我就得到了真正的信用——如果單從字面上來解釋這段話，無異於人家騙你錢，你就讓他騙，這就是標準的笨蛋了！中國人上當一次，人家會說你是無知；上當第二次，人家會說你是愚蠢。老子怎麼可能比這種人還糟糕呢？顯然是不可能的。老子也不是是非不明。中國人最討厭的，是那種是非不明的人。然而，我們也不喜歡是非太過分明的人。如果發現對方不講信用，就直接明說：「你是個沒有信用的人，我以後再也不對你講信用了！」如此一來，等於是把對方逼到死角，毫無轉寰的餘地。日後，即使他想講信用，也沒有人會相信了，所以乾脆一路壞到底，再也不講信用了，這樣是好還是壞呢？

舉個例子，有個人要向我借一千塊錢，說了一大堆理由，我一聽就知道是假的。但是我不拆穿他，只說好好好，我會盡量想辦法，到最後還是沒有借給他，可是我沒有說他在騙我——這樣做的目的是什麼？就是讓他自己反省，這樣，我們才算是真正在做好事。如果直接拆穿他，說他是騙人的，他心裡就會想：反正你已經把我看穿了，那我反省也沒有用、改變也沒有用。然後就想盡辦法，非要把錢騙到手不可。人性就是這樣，有時候我們不說他，他還會自己改變；一說他，他就認為自己已經被判死刑了，乾脆一不做二不休，非鬧個玉石俱焚不肯罷手。

有人告訴你，老闆在找你，你會怎麼反應呢？如果馬上去，大家就會說你那麼怕老闆，老闆一叫，你跑得真快，大家就會看你笑話。如果你說你騙我，那他心裡就想：我本來是跟你開玩笑的，你既然說我騙你，我就騙到底。於是就講一大堆，講到最後你去了，才發現是上當了，這樣老闆也看不起你。那麼，到底該怎麼辦才好呢？這時就需要保持一種「無知無欲」的態度，也就是我們經常講的「平常心」。有人告訴你老闆在找你，你不一定相信，也不一定不相信。反正手頭上的事情，總是要告一段落再說。所以，只要正常進行手頭上的事情，再看對方的反應就行了。如果是真的，對方就會急著說：「放下放下，老闆在等，你不該這樣」。如果你再拖個一、兩分鐘，他甚至會說：「你趕快去，我來替你做」。這時，你就可以判斷，對方說的話八成是真的。

老子認為，對於不善的人，也要善待他；對於不講信用的人，也要講信用。其實這樣做，並非不辨善惡、是非，而是提醒我們：不要以自己並不完整的認知，或是單從事物的表象，就輕率地判斷是非、對錯。那麼，對於複雜的社會現象，老子還有哪些透徹的見解呢？

《道德經》第十九章說：「絕聖棄智，民利百倍；絕仁棄義，民復孝慈；絕巧棄利，盜賊無有」。

有人會覺得老子講「絕聖」是很唐突的，因為他本身就是聖人，還絕什麼聖呢？其實從這裡，我們就可以得到很大的啟發——如果老子存心想當聖人，他就不會講這種跟自己過不去的話了。所以，他根本就沒有想要當聖人的意思，是後人非拱著他當聖人不可。正因為如此，他才有資格講這句話。

一個人很會跳舞，到了人人都稱他為舞王的程度時，他才有資格說：「大家跳舞不要入迷，入迷是一件很糟糕的事，只要學到差不多、跳到差不多就好了。」當你是聖人時，才有資格講「絕聖」；一般人沒資格講「絕聖」，因為一輩子都當不了聖人。其實，聖人有時候也會害人，也會說錯話，也可能分寸拿捏不準。但是，只有在自己擁有超乎平常人的豐富知識時，才有資格提醒大家：「有很多知識，你們寧可不要、寧可不知道，一旦知道就糟糕了。剛開始時，可能還控制得了，慢慢的，就控制不了自己的欲望了，要這種知識做什麼呢？」

「絕聖棄智，民利百倍」，不追求聰明巧智而踏實處事，百姓就能得到百倍以上的利益。「絕仁棄義，民復孝慈」，絕口不談什麼仁義，老百姓就會自發性的對父母孝敬，對子女慈愛。講了半天，做父母的要怎麼樣才會受到子女的尊敬、做子女的要怎麼樣才能博取父母的歡心……這些全都是虛偽的、表面的、不純真的，叫做機巧和詐偽。所以老子才說「絕巧棄利，盜賊無有」，也就是去除所有的機巧、拒絕所有的詐偽，把滿腦子想得到的利益全部放棄，那麼普天之下，就再也沒有盜賊了。

誰會願意當盜賊呢？就是因為大家都認為某樣東西珍貴，而透過偷、搶、拐、騙的手段，就可以得到很大的利益，所以才會有人忍不住做出偷雞摸狗的行為。例如，近年來田黃石被譽為「石中之王」，市場行情水漲船高，已經成為盜賊下手的標的物之一。但是在古代，田黃石只是一塊石頭，根本沒有人會去偷它、搶它。由此可見，老子的思想的確是充滿智慧、洞見人性的。

然而，也有人因為老子講了這些話，就認為老子是反對聖人、反對知識，這樣的想法未免失之偏頗。

老子不是是非不分，而是慎斷是非，這對我們炎黃子孫的影響非常大。大家都知道，是非不容易判斷，所謂「清官難斷家務事」、「公說公有理，婆說婆有理」，誰都有自己的一番道理，怎麼辨？所以要很謹慎、很仔細，不但要自己看清楚，也要再問問別人、參考大家的意見，這樣才算是正確的態度。可是現在很多人卻主張：一個人要當機立斷，要顯現出魄力，要是非分明……其實從某種程度上來講，這樣的主張就是放縱。

我們經常聽到一句意氣用事的話：「我是說錯了，但說錯了又怎麼樣？」說這種話的人，就是完全不負責任的。仁義用來行道是很好的，但是歷史上有太多人，把仁義當作禮教來殺人，那就太可怕了！男女如果都重視貞操，那麼貞操的主張就沒有什麼問題。然而，如果只是片面要求女性重視貞操，這就是禮教殺人了。雖然相差無幾，結果卻是天壤之別。

現代人經常把禮教視為封建社會的糟粕，其實，真正危害人的並不是禮教本身，而是那些巧言令色、利用禮教來滿足個人私欲的加害者。而老子所說的「無知無欲」，就是在提醒世人：不要相信那些美麗的謊言，不要被世俗的價值觀所誤導，才能避免增加一些對自己沒有幫助的欲望。

《道德經》第三章說：「不見可欲，使民心不亂」。民心為什麼會亂？就是因為有人鼓吹、引導，導致很多不好的觀念，輕易地為世人所接受，最後造成人心的迷失與紊亂。

我舉一個實際的例子，提供大家做為參考。有一個小孩子，大概只有13歲，有一天，他跑來問我：「我這輩子，是不是一定要考上好學校、讀好學校呢？」我知道，他會這樣問是有道理的，絕對不是他自己的原因，而是他父母的問題。所以，我就直截了當地問：「你父母親怎麼說？」他說：「我的父母嘴上講：

『你好好做人、盡力去讀，讀到什麼程度都好，不必勉強，也不一定要讀名校』……講得頭頭是道。」我說：「那你就很清楚了吧！」他說：「我還是不清楚。」我說：「為什麼？」他說：「父母平常都是這麼講的，可是當我看電視的時候，就發現他們的那種眼神，是在告訴我一些不一樣的東西。他們只要一看到有人考取明星學校，眼睛就會亮起來，一副很羨慕的樣子，還說：『這是誰家的孩子，怎麼教得這麼好、這麼優秀？』之類的話，所以我就知道，他們平常所講的，完全不是出自於內心。」你看，才十幾歲的小孩，就已經這樣清楚明白了，想騙他可沒那麼容易。可見父母的反應，已經明顯給小孩帶來不良的暗示和影響了。

所以，《道德經》第十二章，老子清楚地告訴我們：「五色令人目盲；五音令人耳聾；五味令人口爽；馳騁畋獵，令人心發狂；難得之貨，令人行妨。是以聖人為腹不為目，故去彼取此。」

「五色令人目盲」，此處的「五」，並不一定是五，而是很多種的意思。「盲」，不是眼睛瞎了，而是好像瞎了一樣，看不清楚。顏色少的時候，我們很容易分辨，可是多了以後，就會眼花繚亂了。「五音令人耳聾」，各種聲音同時出現，不是耳朵聾了，而是根本就聽不清楚。「五味令人口爽」，我們現在所講的「爽」，是吃起來很開心、很快樂的意思，但此處的「爽」，指的是食而不知其味，不曉得它是什麼味道。我們吃東西品嘗味道時，總要有個先後次序才好，如果一口酸的、一口辣的、一口鹹的、一口甜的，全部都混著吃，搞到最後，整個味覺系統就錯亂了，有一天真的會得失味症，什麼味道都吃不出來了。

「馳騁畋獵，令人心發狂」，這裡所講的「馳騁」與「畋獵」是同一件事，騎著馬去打獵，非常快樂，好像可以主宰那些小動物的命運般。其實，畋獵本來是有正當目的，就是要幫助那些動物，改善牠們的遺傳，淘汰弱小的、留下強壯的。現在不是了，好的也殺、壞的也殺；強的也殺、弱的也殺；大魚也捕、小魚也捕，最後搞得人類自己神不守舍、心神不寧。為什麼會這樣呢？就是因為違反了天道，所以感到良心不安。

老子所主張的無知無欲，就是告訴我們，不要有違反天道的妄念，放棄人類的私欲、物欲和貪欲，一切順應自然、回歸自然，否則必然會自食惡果。無知無欲，對於現代人而言，還有哪些重要警示呢？

有一次，我和某人一起喝茶。我問他：「你現在在哪裡高就？」他說：「還高什麼就，我這輩子什麼事都不敢做了。」我看他不過才四、五十歲的模樣，就問他：「這是怎麼回事？」他說：「我告訴你，好多國家、好多座山上的樹木，都是我一個人砍光的，我還敢做什麼事呢？後半生光是贖罪都來不及了。」我說：「你真的砍那麼多？」他說：「是啊，我每次相中一座山，問問對方要多少錢，我就給他們，然後讓工人上山，把樹全部砍光，拿到市面上賣。可是日子久了，卻覺得良心愈來愈不安，砍了那麼多樹，殺害了那麼多小動物……」大家可以好好體會這其中的道理。

「難得之貨，令人行妨」，珍稀奇貨，會使人心生貪念而引發劣行。「行妨」，就是品行受到妨害，使行為準則亂了套。「是以聖人為腹不為目，故去彼取此」，「彼」，就是奢侈、浮華；「此」，就是樸實、寧靜。有些人看到別人穿戴名牌，為了面子，即使家裡再窮，也要設法買一個。如果實在買不到，那就用偷的、用搶的、用討的。當一個人可憐到要靠名牌來支撐自己的時候，就連一點做人的價值都不剩了，可是他自己卻完全不知道。

「聖人為腹不為目」，聖人不是只顧著填飽肚子，更重要的是尋求內心的充實。「目」，指外界所有的物質。什麼叫做「聖人」？老子認為，就是內心安寧、平靜，不受外界引誘、迷惑的人，因此他「不為目」，不為眼睛所看到的那些物質而奔波。一個人如果控制不了自己，就要反省一下，看看問題究竟出在哪裡？從根本上來說，就是我們可以接受「知於道的知」、「合於道的欲」；我們不要那些完全沒有道作基礎的知，也不要去追求那些損人不利己的虛榮和浮華。

所以，老子苦口婆心，無非是要我們「善為道」——「道」本來就在自己的身上，問題是，我們應該怎樣「善為道」？如何才能把「道」發揚出來呢？所以下一章，我們就來談一談：怎樣善為道？

道可道非常道
名可名非常名。
無名天地
之始有名
萬物之母
故常無欲以
觀其妙常有
欲以觀其
徼此兩者
同出而異
名同謂之玄玄之
又玄眾妙之門

道德經的奧祕

第十六章 如何明道

第十六章

如何明道

老子認為，人從「道」中來，終究要回到「道」裡去。「日月逝於上，體貌衰於下，忽然與萬物遷化」，人的生命，就是如此短暫且有限。然而明道之人，在生命終結後，可以坦然地復歸於「道」；不明道的人，則會後悔自己這一生，就這麼白白地度過了。老子說：「道乃久，沒身不殆」，明道之人，真的終身都不會有危險嗎？而我們究竟要怎麼做，才能真正成為明道之人呢？

從過去到現在，我們經常可以聽到「你要去求道」這樣的話。到底求什麼「道」呢？如果「道」在你的身外，那可能叫做「外道」，聽起來有點可怕。所以無論是儒家，還是道家，或是佛家，都是要我們向內求。求什麼呢？就是「良心」兩個字而已。可是良心既看不到、摸不著，也聽不到，人類很難去相信這個東西。

人類有一個特點，也可以說是毛病，就是只相信自己看得到的，不相信自己看不到的。這樣我們就能瞭解，「道」有時也不得不顯現出一些形象。但形象是比較麻煩的，因為它各式各樣，就會讓我們感到迷惑——到底「道」只有一個，還是有不同的好幾個？

所以，我們來看看《道德經》第十五章所說的：「古之善為道者，微妙玄通，深不可識」。古代的人，他們是怎麼去瞭解、熟悉「道」的呢？就是他們看出來，「道」一方面很微妙，一方面又很玄通。「微妙」是「道」的本體，它是無為的，所以叫「微妙」；「玄通」是「道」的作用，它是無不為的，所以叫「玄通」。同理，什麼是「妙用無窮」呢？此處的「妙」是本體，是「道」，是無為。但是，「妙」的變化乃無不為，可以顯現出萬事萬象，其用無窮。

正由於「微妙玄通」，既無為也無不為，所以讓人感覺到「深不可識」。明明「道」，就在自己身上，不假外求，卻偏偏認不出來它在哪裡，所以我們才要明道。一個人要明道，就要修道、行道，這是我們一生永遠做不完的功課。

道學，在中國民間有著深遠的影響，古往今來，有多少人去求道、修道，甚至連平民百姓起義，都會打著「替天行道」的旗幟。但是，世間又有多少人真正明白「道」是什麼呢？既然明道、修道、行道，是人類一生永遠做不完的功課，那麼，我們應該如何做好這項功課呢？

在《道德經》第十五章，老子接著說：「夫唯不可識，故強為之容。豫兮若冬涉川，猶兮若畏四鄰，儼兮其若客，渙兮若冰之將釋，敦兮其若樸，曠兮其若谷，渾兮其若濁。孰能濁以靜之徐清？孰能安以動之徐生？」

「夫唯不可識，故強為之容」，就是因為「道」很難辨識，很難去瞭解，所以就勉強地用這個來形容、用那個來描述。然而，每個人在面對事物時，都會有不同的角度、不同的觀點，會做出不一樣的解釋、講不一樣的話，所以這樣的形容、描述，很容易就會有所偏失，反而悖離了「道」的本意。

所以，在講「道」的時候，老子的心情是怎麼樣的呢？「豫兮若冬涉川」，就是很猶豫、很小心、很謹慎，好像在冬日要涉渡大河一樣。平常河面上沒有結冰，很容易就能過去了。但是在冬日，河面上不僅結冰了，而且有的地方冰比較厚，有的地方冰比較薄，不知道會在什麼地方不小心踩空，這就是「豫兮若冬涉川」的心情寫照。

「猶兮若畏四鄰」，很謹慎、很恐懼，因為四周有很多人，不敢隨意亂說，否則大家就會有意見，就會批評你怎麼可以這樣說。「儼兮其若客」，很拘謹、很莊重，就好像到別人家裡作客一樣。「渙兮若冰之將釋」，形容修道進德，就好像寒冰將融而未融時的那種心情。「敦兮其若朴」，敦厚樸實，好像尚未雕琢成器的良材。「曠兮其若谷」，胸懷寬廣豁達，好像深幽的山谷。「渾兮其若濁」，很混沌，有如一灘濁水般。試問，濁水好不好呢？一般人總覺得清水才好，實際上「水至清則無魚」，當水清澈到極致，什麼都沒有時，恐怕連魚都養不活。「其若濁」是什麼意思？就是內心是清明的，只是外在表現出愚昧、糊塗的樣子罷了！為什麼要刻意裝糊塗呢？這不是騙人，而是隱藏鋒芒。

老子的這段話，是在講「明道」的過程。有了這麼一個過程，我們就可以體會下面的這幾句話——「孰能濁以靜之徐清？」當心情很紊亂的時候，就好像濁水一樣，這時，你要讓它安靜下來，然後慢慢就會澄清了。「孰能安以動之徐生？」混濁的水要讓它澄清，很難；動當中要求靜，也很難。尤其是現代人，往往能動不能靜，知動不知靜，這會對「明道」造成很大的障礙。

因此，老子接著說：「保此道者不欲盈。夫唯不盈。故能蔽而新成」。「盈」，就是滿的意思。一個人想明白道理，首先不能自滿，絕對不能說「我知道了」、「我明白了」、「我完全清楚了」，這樣就糟糕了，一定會有所欠缺。老子一再告訴我們：道太大了，我們沒有辦法完全瞭解它。所以終其一生，我們都要謙虛、不要自滿。畢竟還有很多東西，我們沒有親身體驗到，以為它不存在，實際上它明明白白就在那裡。

所以人要「不欲盈」，也就是不自滿。「夫唯不盈」，只有不覺得自己滿了，才能夠「蔽而新成」，從舊的裡面找出新的東西。這種繼舊開新的「新」，才是可靠的，而不是隨便創新，認為以前沒有而現在有的就叫做「新」，這是非常可怕的思維。我們的心靈，應該永遠保持清明、活潑的狀態。舊的跟新的要相提並論，不可以有所偏執，因為偏舊的不對，偏新的也不對，在新、舊當中，一定有一個系統可以互相連結。

「道」之所以能在中華民族傳承數千年之久，正是因為它可以隨著時代的發展，不斷闡釋、變化出新的道理。所以，我們要善於從傳統文化經典中，領悟出新的道理。但是，我們應該怎樣做，才能從「舊」的當中領悟出「新」呢？

老子告訴我們，一個人要明道，就必須有「致虛守靜」的功夫。如何致虛守靜呢？《道德經》第十六章說：「致虛極，守靜篤」。「極」跟「篤」，都是極點、頂點的意思，也就是說要貫徹執行，不可以只做一半。使內心保持原本的「虛」和「靜」，也就是「無」的狀態，如此一來，才能夠有新的發現，才能明白原來「道」就清清楚楚地在這裡，只是自己糊塗，看不見而已。

「守靜篤」，是要人們去除不必要的欲念，減少莫名的煩惱，讓自己的內心安安靜靜，不惹塵埃。我們常常講「清心寡欲」，其實就是從這裡來的。什麼叫做「清心」？就是把內心清一清，不要雜念太多。有些人的心，是一刻也靜不下來，一會兒想到以前的老同學，各個都比自己厲害；一會兒想到隔壁鄰居的收入，就覺得自歎不如；一會兒想到親戚小孩上了名校，總覺得別人的兒子比較優秀……一會兒想這個、一會兒想那個，欲念太多，把本性都遮蔽了。

所以，我們更要時時勤拂拭，不要讓自己的心沾滿塵埃。「寡欲」，就是把欲望減一減。想要完全消除欲望，那是不可能的，也沒有必要，但是減一減總可以吧！不要讓自己的欲望愈來愈多、無窮無盡，因為不清心、不寡欲，最後的結果是妨害別人、辛苦自己，何必呢？

只有「致虛極，守靜篤」，才能夠做到老子接下來所講的：「萬物並作，吾以觀復」。「觀復」就是明道的意思。「道」本來就在這裡，可是我們卻不知「道」，還到處去找，結果引來很多欲望，產生很多雜念，然後我們就被這些欲望和雜念帶著走，離正道愈來愈遠，臨到死都還執迷不悟。如果人到死時，還是不悟，那也無所謂了。偏偏有人在臨終一刻悟了，那才糟糕，那才是最痛苦的，因為他會感覺到這輩子原來是白活了，原來自己一直不明道地過了一生。

老子繼續說：「夫物芸芸，各復歸其根。歸根曰靜，是謂復命。復命曰常。知常曰明。不知常，妄作凶。知常容，容乃公，公乃全，全乃天，天乃道，道乃久，沒身不殆」。

「夫物芸芸，各復歸其根」。「芸芸」，就是眾多的樣子。萬物好像種類很多，各不相同，可是透過觀察後就會發現，它們到最後都是各自回歸到原來的根本。人也一樣，再怎麼飛黃騰達、有權有勢，最後還是要回歸到原來的根。「根」就是虛靜，就是由動最後回到靜，就是從有最後又回歸到無，這就是「道」。

「歸根曰靜」，回到原來的地方，那就是人們安靜的歸宿。「是謂復命」，就是恢復人的本性，因為「命」就是本性，也就是老子所講的「常道」。所以老子在講完「是謂復命」之後，馬上告訴我們「復命曰常」，若是真的能夠復命，就能夠明白「道」，就會知道什麼是「常道」了，否則講來講去，都是在講「非常道」。「非常道」就是片面的道理，也就是偏道。一個人能夠明白原來自己的本性在這裡，這個時候，他就懂得什麼是「常道」了。

「知常曰明」，明白常道以後，就是明道之人了。「不知常，妄作凶」，如果始終不明白常道，就會輕舉妄動、胡作非為，然後招致很多禍害。「知常容」，懂得常道以後，就會包容一切，對人、對事，都不會有差別待遇，也就是沒有分別心。如此一來，就消除了很多不必要的苦惱，內心就會感覺很寧靜。「容乃公，公乃全」，明白常道之後，看事情自然會很公正，處世會很周全。「全乃天，天乃道，道乃久」，而周全就是天道，就是自然的道理。一個人知道什麼叫做「自然」，就會發覺：原來這就是我們常講的「道」。而這個「道」，它是永垂不朽、永恆存在的。徹底發揚了道，就可以「沒身不殆」，即使身體不復存在，也不會有任何危險。

老子說：「死而不亡者壽」，意思是說，死去的是只是用了幾十年的肉體，而人的精神還是會永恆存在的。就像老子，即使到了今日，都還是存在的，因為他的思想流傳至今，日後也還會繼續傳承下去，永遠都不會被世人所遺忘，這樣才是真正的萬壽無疆。

人人都不甘心只活了短短數十年，生命就永遠地消失了，所以有人千方百計地尋求長生之道。而老子認為，人的生命從「道」中來，又回到「道」中去，死亡的只是肉身，只要能夠明道，就可以沒身不殆。那麼，我們要如何做，才能成為一個明道之人呢？

《道德經》第二十四章講得很清楚：「企者不立，跨者不行；自見者不明，自是者不彰；自伐者無功，自矜者不長。其於道也，曰：餘食贅形。物或惡之，故有道者不處」。

「企者不立」，「企」就是踮腳尖。踮起腳尖，想要比別人站得高、看得遠，結果反而站不穩。「跨者不行」，把步伐跨大，想要超越別人，結果弄疼了腿，反而走不動，欲速則不達。「自見者不明」，自己想要表現，可是別人不認同你。「自是者不彰」，自以為是的人，得不到別人的認同和彰顯。「自伐者無功」，自誇自大，認為自己很有功勞的人，反而沒有功勞。因為功勞不是爭出來的，而是讓出來的。功勞是爭不到的，你要爭功勞，別人也會爭，你又不一定爭得過別人。如果把功勞讓給別人，別人多少也會讓給你一點，讓來讓去，大家都有功勞。

「自矜者不長」，「自矜」就是自負的意思。當一個人自負、自傲的時候，就不會虛心學習，因此無所長進。「其於道也，曰：餘食贅形。物或惡之，故有道者不處」，從「道」的角度來說，這些自見、自是、自伐、自矜，都好像是剩飯、累贅一樣，不但沒有用處，反而是一種包袱、障礙，令人厭惡，因此有道之士不願意這樣做。

老子明確指出，那些善於自我表現、急功近利、自以為是、自誇自大的人，都無法成為明道之人。然而，現代社會卻有很多人認為，只有勇於自我表現，敢於自誇自大的人，才能獲得更多的財富、取得更大的成功。現代人的思想和老子的思想，為什麼會有如此大的差異呢？

「人之初，性本善」這句我們耳熟能詳的話，可當作「善為道」的一個註解。原始的人類，只求滿足基本生存的需要，除此之外什麼都沒有，那才是善。他們不但容易滿足，而且不會像現代人這樣貪得無厭，多還要更多、有還要更有，把有限的資源一點一滴全都壓榨光。可是後來，人類有了知識，有了語言文字，本來很多原先沒有想到的，經過別人的熱心教導之後，就學會了需索，就被激發出許多妄念，提出很多過分的要求。就是這樣，人類才會變得愈來愈不善，愈來愈痛苦。

老子希望我們想一想，身外之物跟身體哪個重要？在《道德經》第四十四章裡，提出了以下三個問題：「名與身孰親？身與貨孰多？得與亡孰病？」

「名與身孰親？」名望和身體，哪一個跟人比較親近呢？雖然名望大家都想得到，但是人一旦沒有身體，就不能生存了，這是非常現實的事情。「身與貨孰多？」身外的財貨非常多，可是身體就只有一個。用這唯一的身體，去追求無限的外物，肯定會把自己活活累死。可是現代人卻常講：「我趁年輕時拚命賺錢，將來再拚命享受」，一生都在拚命了，命還會長嗎？「得與亡孰病？」這裡的「得」，是得到名利；「亡」，是失去生命；「病」，是指有害。得到名利跟喪失性命，你會選擇哪一種？大家一聽，當然是命比較重要，可是實際上，我們所表現出來的行為往往剛好相反。

所以，「甚愛必大費，多藏必厚亡」。愛名過剩，損耗必然甚鉅。一個歌星剛開始，只是對唱歌有興趣，想要自得其樂。後來為了成名，花費很多心思，做了許多努力。然而一朝成名後，卻被經紀人當成搖錢樹，巡迴全球不斷趕場，搞得精神緊張，晚上睡不著覺，只能吃安眠藥，最後甚至要靠吸毒麻痺自己——就是因為「甚愛」，所以必須「大費」，過分的愛，必定會讓人付出更大的代價。「多藏必厚亡」，藏貨過多，最後會導致重大損失，因為一旦引起別人的注意和覬覦，詐騙集團就來了，強盜、偷竊集團也來了，他們得不到手就乾脆毀掉。所以，擁有愈多的人，損失只會愈慘重。

「知足不辱，知止不殆，可以長久」。「知足不辱」，一個人知足守分，就不會遭受侮辱。「知止不殆，可以長久」，凡事懂得適可而止，就能減少很多危險，就可以活得比較長久，繼續做自己該做的事。

現代人很注重養生，非常怕死，每個人都希望能夠活久一點，然而，卻不知道活久一點要做什麼。道家提倡保健養生，用以延長身體的使用年限，目的就是為了能多一點時間來明道、行道，而不是為了賺錢或是累積名望。事實上，一個人什麼時候能夠明道，生活就會正常化了，生命就有價值了，就開始有理想了。

要知道什麼是「善」，要明白什麼是「道」，老子用了四個字來說明，那就是「上善若水」。為什麼老子會主張「上善」就跟「水」一樣呢？其箇中道理，非常值得我們深思，所以下一章我們就要談一談：為什麼「上善若水」？

道可道非常道
名可名非常名
無名天地
之始有名
萬物之母
故常無欲以
觀其妙常有
欲以觀其
徼此兩者
同出而異
名同謂之玄玄之
又玄眾妙之門。

道德經的奧祕

第十七章

上善若水

第十七章

上善若水

老子說「上善若水」，是因為水具有七種善，而這七種善歸納起來，其實就是兩個字：不爭。現今人類社會所面臨的最大問題，就是紛爭不斷。為了爭奪資源、爭奪領土，不惜發動戰爭；為了爭奪名利、爭奪地位，不惜大打出手——人們為什麼總是喜歡「爭」？怎麼做才能「不爭」？而老子所說的「上善若水」，又具有哪些深刻的涵義呢？

《道德經》第八章，有一句話經常被引用，也引起很大的迴響，那就是「上善若水」。老子很明白地指出，水具有七種善：居善地、心善淵、與善仁、言善信、政善治、事善能、動善時。

「居善地」，水的運動規則很簡單，那就是水往低處流，最後蓄居於低下之處——人要力爭上游，那是人的事。水不會跟人過不去，它並沒有力爭上游的念頭。「心善淵」，它的心很沉靜，像深淵一樣。不像我們現代人，整天動個不停，手上拿著這個，眼睛還在看著那個，好像什麼東西都想要，深怕吃虧一樣。「與善仁」，跟別人相處時，它是很真誠的。現在的人不是，個個都很愛計較，偶有行仁仗義之舉，多半是為了做給別人看，實際上，這種心態就已經不仁了。「言善信」，就是遵守信用，真誠不妄。「政善治」，當在朝為政，替人民服務時，能夠做到精簡確實，發揮良好行政效能。「事善能」，處理事務時，能夠發揮自己的長處，執簡以馭繁，這樣不僅自己輕鬆，也能得到眾人的信賴。「動善時」，行動時善於掌握時機，能因時制宜、與時俱進。

這七種善結合在一起，可歸納成兩個字：不爭。我不跟你爭地皮，不跟你爭速度，不跟你爭能否得到大家的好感，不跟你爭誰比較有信用，不跟你爭誰做的事情比較多、貢獻比較大、比較有才能。辦理一切事務時，都能掌握時機、順應形勢，自自然然，做到大家都沒有感覺到我在做那樣，這就是「不爭」。

不爭，不僅止於不要跟誰爭，而是什麼都不爭，連不爭的觀念都沒有。所以老子才說：「夫唯不爭，故無尤」。因為具有不爭的美德，因此不會招來萬物怨尤。而「上善若水」的「上善」，指的就是「道」。

老子說水有七善，而這七善的共同之處，其實就是兩個字：不爭。反觀人類社會，幾乎所有的不幸，其根源都在同一個字：爭。大到國與國之間，為了爭奪資源而引發戰爭；小到人與人之間，為了爭奪名利而勾心鬥角。在這個紛爭不斷的社會中，我們應該如何自處，才能做到不爭的境界呢？

《道德經》第八章說得很清楚：「水善利萬物而不爭」。水不跟萬物相爭，一點也不居功，這是它至高的美德，值得我們學習。然而，有些人聽了老子的話，就把它解讀成：原來不爭，才能爭到更多的東西，那我也開始不爭。其實只要存有這種念頭，就是錯誤的開始。很多人誤解老子，認為他是陰謀家，用「不說」來「說」，用「不教」來「教」，用「不要」來「要」，用「不爭」來「爭」。

事實上，這當然不是老子的原意。水的不爭是無心的，並不是要做給別人看，也沒有要我們向它學習。假如水有這樣的念頭，就不足以稱為上善。水是純樸的、自然的，老子很喜歡用樸素的「樸」字，就是告訴我們：一個人藉由後天的修養，達到與人無爭的境界，這只是修養好而已，和水的上善境界並不相同。在老子的心裡，根本就沒有「爭」的觀念，你們要爭是你們的事，他不嫉妒，也不會說大家不要爭。其實很多人沒有讀通老子，就是因為還沒有理解這個觀念。

人如果不爭，就不會引起別人的反感。人家端一盤蘋果進來，有的人就會看哪個大，想著要不要先下手為強，哪些競爭對手必須防備，怎麼樣才能一下子就把最大顆的拿到手……這樣費盡心機，弄得自己精疲力竭，說不定最後還是一場空。還有的人，自以為很聰明，野心勃勃，處處掩飾，不讓別人看出自己的企圖，然後還說這是老子教的——你說老子冤不冤枉呢？

大多數中國人都誤會了老子，認為不爭是修養，不爭是秩序，大家都不爭，我才不爭。事實上，我排不排隊，跟別人沒有關係；別人排不排隊，也跟我沒有關係。有人認為，這樣的想法必然吃虧。其實一個人吃得起虧，就表示他很富有。而且，人如果連吃虧的觀念都沒有了，豈不是海闊天空。能這樣想，才符合老子所講的道理。

中國有句俗話：「命中有時終須有，命中無時莫強求」。其實不爭，就是一種順應自然的人生態度。老子之所以被稱為「自然哲學家」，就是因為他能透過大自然的現象，來解析人類的思想行為。那麼，水的「善利萬物而不爭」，能帶給人類什麼樣的啟示？而人類應該怎麼做，才能擁有像水一般的上善精神呢？

水，並不是靠後天的修養，而是它先天就是這樣，沒有那種吹捧自己、誇耀自己無私奉獻的念頭。我們常常講「功成而不居」，這就表示我們已經有「功」、「成」的觀念了。這是無奈的現況，因為現代人已經受到污染了，幾乎每個人從小就被教導要成功、要出人頭地。實際上，真正瞭解「道」的人，就會知道世界上根本就沒有「成功」這回事。

有史以來，哪個人成功了呢？《易經》講得非常清楚，成功就是失敗，失敗就是成功。從這個角度來看，他是成功了；但是從另一個角度來看，說不定他造了很多孽，失敗得一塌糊塗。俗話說：「一將功成萬骨枯」，為了成就一個將領，死去無數別人家的子弟，這筆賬要怎麼算呢？所以「功成而不居」，是人類才有的觀念，也是人類的不幸、人類的無奈。但是水，就沒有這種觀念。什麼叫做「居功」？就是不但認為自己有功，而且還到處炫耀。一個人自認為有功，卻得不到別人的認同，內心無法平衡，只好到處嚷嚷：「沒有我，你們哪有今天？」諸如此類不中聽的話。其實這是多餘的，而且只是自取求辱、自找苦吃而已！

老子認為，人既然有天賦的創造力，就應該努力創造，只不過要合乎自然，不要破壞自然。而創造的過程、創造的成果，就已經是一種享受了，還要求取什麼報酬呢？當然，我們不可能要求人人都如此，老子也沒有說每個人都要修養到這種境界。老子只是把道理說出來，至於要怎麼做，個人自己決定就好，老子完全沒有意見，也不會加以評斷。別人要怎麼樣，那是別人的事，因為就連「道」都不主宰我了，我憑什麼去主宰別人？既然「道」不主宰別人，別人憑什麼主宰我？

老子在《道德經》第二章說：「生而不有，為而不恃，功成而弗居」。什麼叫做「生」？什麼叫做「為」？什麼叫做「功」？就是指人應該有所貢獻。人要「生」、要「為」、要「功」，可是前提是必須順應自然；而且「不有」、「不恃」、「弗居」，自然而然，不是為了做給別人看的。我們自然地做，大家自然地感受。我們是自然的一分子，既沒有什麼功勞，也不想得到什麼回報，更不願加以控制、把持——雖然無法要求每個人都達到這樣的境界，但如果大多數人都能如此，人類社會就能更加美好了。

現代社會的問題，就在於做任何事情都有其功利性、目的性。有富豪在做慈善公益時，會要求媒體大力宣傳報導，認為自己是在花錢做善事，應該要讓全世界都知道。而貪污的官吏被舉發時，往往還振振有詞，認為自己為社會做了極大貢獻，拿一點點好處也是應該的。然而，若是一個人做善事就要求回報，這樣還能稱之為善嗎？

老子的話，已經講了幾千年，到今天我們都還沒有做到，所以他才感慨：我講的話這麼簡單，怎麼大家都聽不懂呢？我的方法這麼容易，為什麼大家都做不到呢？感慨了這麼久，人們卻依然故我，這是我們應該反省的地方。「道」生養萬物，但不據為己有，所以父母對自己的孩子有生育權，卻沒有所有權。兒女雖然是父母生的，但父母不能主宰他，因為連「道」都不主宰人，父母怎麼能主宰兒女呢？兒女有自己的想法，父母應該給予尊重。父母可以指導兒女，但最後還是要讓兒女自己做決定。

我們應該進一步瞭解，「水」在老子的心目中，究竟扮演著什麼樣的角色。水能幫助萬物順利成長，但是它不計酬、不居功，也不不排斥萬物，這才是真正的上善。水是如此柔弱，萬物都比水剛強，可是如果沒有水的滋潤，恐怕都會乾枯脫水而死。人類號稱是「頭腦發達」、「雙手萬能」，可以做一大堆的事情，可是一旦沒有水，就連生存都有困難。而且人體的水份，會隨著時間而逐漸減少。一個剛出生的小孩，全身都是水。隨著年齡增長，身體裡的水份就會慢慢消失。到了老年期，水份已經嚴重缺乏，整個人顯得又乾又枯，皮膚皺巴巴，人也瘦巴巴。人生再怎麼了不起，說到底，也不過是一段「失水」的過程而已！

老子以「上善若水」、「善利萬物而不爭」來讚美水的德性。然而，這是站在人的立場所講的。人類在有了文字、語言之後，就開始自造一些名詞，例如善、不善；爭、不爭；利、不利……當然，這並非完全是不好的。可是一個人如果執著於這些自造的名詞，甚至把它當成人生的價值、生命的目標，那就可能會有所偏失了。水，無所謂什麼仁義道德，但是它卻做得比誰都好。水流動的時候，會把所有髒東西都帶走，但它並沒有索取報酬，也從不自認為有功。

從古至今，水始終不舍晝夜，持續奔流，無私地奉獻一己之力，從不要求任何回報。在老子的觀念中，水是無所謂仁義道德的，那麼，老子讚歎「上善若水」，還有什麼更深刻的涵義嗎？

老子對水的讚美，還有另一段話：「處眾人之所惡，故幾於道」。水把沿途所有的髒東西、垃圾，全都帶到下游。所以有時到了河邊，不但會看到各種垃圾，還會聞到垃圾所飄散出來的臭味。很多人會因此心生嫌棄，摀著口鼻罵這條河又髒又臭。然而，水卻完全不在乎，即使被嫌髒、嫌臭，還是照常流動，絲毫沒有任何委屈、受辱、卑下等感覺。有時我們會用「下流」這種話，來形容那些沒有格調的人。可是水即使處於下流，又髒又臭，它也不會覺得自己下流。反而是有些人，天天把「我不下流」掛在嘴邊，可是表現出來的行為，卻是最為下流。這是我們讀老子的書，應該好好反省的地方。

水沒有委屈，沒有什麼感覺，自自然然，做好自己的本分，所以「幾於道」，幾乎接近了「道」。「上善若水」就是在講「道」的，而不是討論「好」或「壞」的。老子啟示我們，要從水的特性中去體會「道」，要向水學習「利萬物」、「不爭」、「處眾人之所惡」的精神，如此一來，自己就會愈來愈「知道」、愈來愈「上道」了。

現代科技高度發展，但社會上的競爭也愈來愈激烈。而嚴峻的競爭環境，經常讓人感到焦慮不安，雖然生活水準日漸提高，但安全感、幸福感卻愈來愈薄弱。很多人不禁要問：現代的科技發展究竟出了什麼問題呢？

近四百年來，西方科技一日千里，掌握了全球最尖端的技術，這讓許多中國人因此喪失了民族自尊心和自信心，認為我們必須立刻奮起直追。但在奮起直追之前，我們更應該瞭解，究竟研究科學最重要的態度是什麼？答案是「不爭」。可是放眼望去，大家都在競爭，個個都要爭先，這是現代科學愈來愈可怕的地方。

「忘情明理」，把情忘掉，把理彰顯出來，這本是科學研究所應抱持的態度，但是現在卻不是這樣。科學家要申請研究經費，就要先把研究的目標和效益解釋清楚，然後經過專家的評估，最後才決定撥予款項若干。因為沒有錢就不能做事，所以逼得科學家只好開始編造故事，虛擬出誘人的前景和效益，反正先拿到錢再說。試問，這是科學研究應有的態度嗎？從事研究工作者，不應投射自己的感情與執著，而是要全心全意把「道」彰顯出來，這樣才是好的。但是現在的環境，好像使科學家距離這樣的理想愈來愈遠。

今日世界之所以紊亂，人們無法過著輕鬆、愉快，更談不上幸福的日子，就是因為科學已經偏離正道，完全是從效益著眼，而不是為了明道。人類離不開科技，但科技也給人類帶來了莫大的壓力，造成許多禍患和災難。想要挽救這場悲劇，不妨研究一下《道德經》對科學與技術的態度，或許能帶給我們一些寶貴的啟示。所以，下一章我們要接著探討：老子對科學發展帶來了什麼樣的貢獻？

道德經的奧祕

第十八章

天人合一

第十八章 天人合一

科技的快速發展，使人類的生活更加便利，也為社會帶來了更多財富。然而，物質生活愈來愈豐富的人們，為什麼並沒有感覺更加幸福呢？環境污染、氣候失調、資源枯竭、生態破壞……這一切的一切，不禁使我們反思，科技之於人類，究竟是福還是禍呢？早在兩千多年前，老子就提出「天人合一」的思想，這對我們現代科技的發展，又帶來了哪些重要的啟示呢？

當我們想到未來的時候，心裡都很明白，未來是會變化的。明天跟今天不一樣，明年跟今年也不會相同。但是，我們一方面知道未來會有變化，一方面也心中有數，明白它不會變化到哪裡去。如果我們連這點信念都沒有，那還怎麼活下去？如果新的一天來了，太陽卻不升起，甚至在一夜之間天翻地覆，滄海桑田，這不是太可怕了嗎？幸好宇宙是有秩序的。雖然一切都在轉動，但是這些轉動，都有其規律性，我們把它稱為「自然規律」。

因此，人們就有一種信念，希望能夠在安定中求進步，在穩定中求發展。所以，我們就需要對未來做出合乎常理的預測。有些人一聽到「預測」，就覺得是迷信，這是錯誤的觀念。在社會上，的確會有少數人，利用預測來欺騙大眾、裝神弄鬼，這種特例另當別論。

儒家和道家，都非常重視未來的發展，因為人類如果沒有未來，怎麼可能安寧呢？因此，他們都想找到適當的方法，藉以建立起一個穩定的社會秩序。儒家用的方法是什麼呢？就是「一陰一陽之謂道」裡面「陽性」的概念，主張利用倫理關係，來建立起「仁、義、禮、智、信」的社會秩序。我們可以說，儒家是以「乾卦」做為指導綱領的，所以儒家的社會秩序是剛性的、進取的、由上天所賜予的。

道家老子所走的路，跟儒家孔子是不太一樣的。老子採取的是「陰性」的訴求，也就是「一陰一陽之謂道」裡面「陰性」的部分。他透過自然現象而不是倫理關係，來描述未來社會的願景。老子希望能將人類與生俱來的「道」發揚光大，而不是用禮教或道德標準來鞏固社會秩序。因此，儒家是剛性的，道家就是柔性的；儒家是進取的，道家就是退讓的；孔子說這是上天賜予我們的，老子就說人是生來秉承道的。他們不是互唱反調，而是分頭並進，殊途而同歸。所以，在他們那個時代，兩人的主張是沒有區分的。只是後來的讀書人為了研究方便，才漸漸地把它們區分成「道家」和「儒家」。最後愈分愈細，好像兩家是南轅北轍、壁壘分明般，其實沒有這回事。

儒家所重視的，是人與人之間的關係，所以是人本位的；道家所重視的，是人和宇宙自然之間的契合。所以，真正講起來，「天人合一」的部分，其實是老子講得比較透徹。人當然重要，但是人一定要配合天。人的所有作為，都要合乎自然，這是老子一貫的主張。

> 老子「天人合一」的思想，提醒我們在發展科技的同時，一定不能違背自然規律，一定要合乎自然。然而，老子的這種思想，在全球的科學界能夠得到承認嗎？一旦科技違背了自然的發展，會為人類帶來什麼樣的災難呢？

事實上，全世界有很多科學家，都在研究老子的學問，其中有一位表現得非常出色，那就是研究中國古代科技史、著有《中國科學技術史》一書的李約瑟博士（Joseph Terence Montgomery Needham，1900～1995）。他非常醉心於老子的思想，甚至曾公開表示自己是皈依道家的外國人。

李約瑟博士曾在著作中清楚指出：「道家思想是中國科學技術的根本」。他用「根本」兩字，來強調道家對中國科技發展的重要性。他認為，道家對自然的推究和洞察，完全可以和西方亞里斯多德以前的希臘諸賢相媲美。希臘的學術思想，後來轉變成科學的根源。而李約瑟認為，老子和希臘諸賢的主張，有很多相同之處，可以轉化為中國科學的基礎。

其實，科學不像哲學，是不應該有國界之分的。既然如此，為什麼李約瑟博士會特別指出他研究的是「中國科學」？這也是值得我們思考的問題。其實，很多西方科學思維都是有缺陷的，因為他們沒有老子「道」的思想做為根基，才會造成今日的科學發展愈走愈偏，變成一頭危害人類的猛獸。如果能夠把西方的科學和老子的「道」相結合，相信就能讓科學發展走上正途。

日本第一位得到諾貝爾獎的物理學家湯川秀樹也曾感慨地表示：「中國古代的科學，如果能夠沿著道家的軌道一路走來，也許就能順利地發展開來」；「老子似乎以其驚人的洞察力，看透了個體的人以及整體人類的最終命運」。湯川秀樹身為日本的物理學家，卻能深切體悟道家的科學意義，這是非常難能可貴的事情。

美國也有一位名叫做卡普拉（F.Capra，1938～）的物理學家，被視為現代新道家的代表人物。他曾在著作中提及：「在傳統的學術當中，只有道家提出最深刻、最完美的科學理論根據，以其特有的生態智慧，指出自然的和諧發展和生生不息之道。」如果人類在發展科技時，能夠早些遵循老子的思想，就不至形成自然與科學的斷層而無法收拾。這樣的斷層，實際上我們到處都可以看到，例如以前沒有水泥的路面，地氣是通的，對人體的健康很有幫助。然而，現今到處都是水泥地，人類就很難接觸到地氣，因為它被隔絕了。諸如此類的問題，就是自然與科學產生斷層所造成的。

二次世界大戰時期，美國人刻意使用原子彈轟炸日本。其實，當時的美國政府也知道沒有這個必要，因為日本馬上就要投降了。愛因斯坦做為原子彈的發明者之一，曾力勸美國總統不要使用原子彈，可是總統偏偏不聽，非炸不可。為什麼？因為這一炸，不但能夠展示武力、顯示國威，還能穩坐世界第一強國的寶座——這就是無「道」的表現，只重視「術」、只重視利益，而把「道」擺在一邊，造成今日世界畸形的發展。

科學技術的發展，原本是為了使人們的生活更加美好。但是，當科學技術偏離了合乎自然的軌道，變成專為某種特定利益服務時，帶給人類的就只有災難。那麼，兩千多年前的《道德經》中，究竟有哪些論述，是與發展科技有關的呢？

老子的哪幾句話，對科學產生了重要影響呢？在《道德經》第二章說：「有無相生，難易相成，長短相形，高下相傾，音聲相和，前後相隨」，結論是什麼？那就是「反者道之動」。有和沒有，是互相生成的，無可以生有，有可以回歸到無。難和易，是互相促成的，如果沒有易，就顯不出難；如果沒有難，就顯不出易。正因為別人的成績比你高，才顯得你的成績不怎麼好。所以，那些成績差的人，他們的貢獻就是襯托出了成績高的人。這不是什麼消極思想，這就是事實。長和短互相比較之後，才知道誰長誰短，並不是人為規定多少長度以上才叫長、多少長度以下就叫短。音和聲是彼此應和的，這樣大家才知道，什麼是低沉，什麼是高亢，什麼是輕柔，什麼是陽剛。前和後，是在互相接續的條件下形成的，有隨後者才有所謂的前者；高與下，如果沒有互相比較，也無從呈現。所以單獨一樣東西，是很難看出所以然的。

老子對上述情形加以總結，歸納出一個原則，那就是「反者道之動」。一切事物都是相反對立的，但是它會返本復初。尤其是「有無相生」這句話，對科學的幫助相當大。我們用現代話來解釋比較簡單，那就是「從0生1」的這個過程，是科學家最有興趣的事情。「從0生1」，就是老子所講的「無生有」。怎麼從這個「無」當中去生「有」？這就給科學家帶來很大的啟發。事實上，創造發明這件事，其實並不是把完全沒有的東西創造出來。因為老子的「無」，代表著很多看不見的「有」。現代所有的原料，絕大部分都是來自於地下，然後經過特定的加工方式後，便創造出了某種產品，這就是科學，就是由「從0生1」的過程中所引發的成果。

《道德經》第五十八章又告訴我們：「禍兮福之所倚，福兮禍之所伏」。相反的兩方面，它們經常會互相轉化。其實，整個科學就是循環往復的運動過程，我們從「上善若水」中可以獲得印證。水為什麼那麼珍貴？就是因為水會轉化，可以變成很多種狀態。我們最熟悉的起碼有三種：一種是氣態，一種是液態，一種是固態。如果水不能這樣變化的話，恐怕也不足以成為近乎「道」的東西了。大家可以從水的變化——由氣體變液體，由液體變固體，由固體變回液體，由液體再變成氣體的過程中，來瞭解科學、認識科學。而我們長期以來，只把《道德經》當做文學、道學來研讀，這點非常可惜。

有人認為，有著五千年文明的中國，有哲學，有文學，但是沒有科學。即使中國在很長的一段歷史時期中，曾經在各方面都領先於世界各國，也被說成只是工藝上的先進，而非科學上的發達，難道古代中國真的沒有科學嗎？

如果說中國只有工藝，沒有科學，這種話太牽強。我們今日還有很多出土的古文物，無法得知究竟是如何保存到現代的，這就證明了古代的科學技術，直到今天我們都還弄不清楚，那我們為什麼不反思一下呢？當時的中國，重視四書五經，重視科舉考試，而那些技術人才，卻得不到應有的尊重和重視。他們沒有機會升官發財，只能默默不斷耕耘，為人類謀求幸福、為科學奠定良好基礎，我們不能忽視他們的貢獻。

道家最關心的，是人與自然要和諧共生。現在全球遭受那麼多的污染，導致氣候異常、生態失衡，我們不應該繼續像19世紀、20世紀那樣，拚命盲目地發展科技。我們不應該再把「21世紀是科學的世紀」掛在嘴邊，反而應該提倡「21世紀是環保的世紀」。現代科技的發展，應該受到一些合理的約束，我們應該多投注一點心力，來愛護我們的環境，來保護我們賴以生存的地球。

現代人最大的問題是什麼？就是把「精神」和「物質」分開來看。現在全世界的人，都在盲目地追求物質欲望的滿足。這種觀念，對我們的言行和生活都產生了很大的影響。如果一個人把所有的注意力，都集中在物欲的滿足上，他的內心一定是很空虛的。現在的人類，已經退化成飲食男女，內心所想的，幾乎都是賺錢的手段，而所謂的理想已經不復存在。科技的發展，完全是在配合人類口腹的需求，這樣還算是科技嗎？科技愈發展，愈應該要能告訴我們：人類的價值在哪裡？可是，現代科學卻似乎完全不具備這項功能。

現今，人類的物質欲望已經得到高度滿足。如果古代的皇帝看到這些，他肯定連皇帝也不要當了，做個平凡小老百姓還勝過天子。可是，現在卻有很多人，整天覺得壓力太大、緊張兮兮，甚至得到憂鬱症、失眠症，晚上即使吃了安眠藥還睡不著，何苦來哉？

現代科技的高度發展，確實大幅提升了人類物質生活方面的享受。但是，人們對於物質的需求似乎是永無止境的。欲望的增加、資源的枯竭、競爭的激烈……這一切的一切，不禁使我們反思，科技之於人類，究竟是福還是禍呢？

人類應該要感謝大自然。雖然大自然不言不語，可是它會顯示出很多的現象，讓我們能透過這些現象，去尋找出背後所隱藏的「道」。如果沒有金融風暴，如果沒有歐債危機，沒有日本的核電廠事件，人類可能還是糊裡糊塗的，認為世界一切都很好。正因為發生了這些大事件之後，很多人才開始反思，發現到長期以來，大家一直把「人定勝天」這句話掛在嘴邊，相信任何問題都可以透過科技的手段加以解決，如今我們才知道，事實好像並非如此。

事前再怎麼保證安全無虞，事發後都是兩手一攤，用「我也沒辦法」這種耍賴的態度推脫卸責，這就是我們所親眼看到的亂象。人類的力量固然非常強大，而且還有愈來愈強大的趨勢，然而，一旦和自然的力量相比，人類的力量仍是微乎其微，難以抗拒自然。所以，我們還是要回過頭來，好好調整自己。人類唯有順應自然，才能得到理想的幸福。

幸福，並不取決於外在的因素。當每一個人都穿的很好看的時候，就表示沒有一個人好看。只有一個人穿名牌時，人家也許還會看他一眼，還值得炫耀；當所有人都穿名牌時，你看我、我看你，每個人都一模一樣，名牌就不是名牌，顯得一點價值都沒有了。所以，幸福是來自於內心的感覺，一個人是不是舒暢、是不是安定、是不是喜悅，別人根本不知道，只有當事人自己心裡明白。但是，這種內心的感覺來自哪裡？就來自於良好的道德與修養。

世界上的事物，永遠都是變動的。正因為變動，所以每個人都有機會去追求。如果萬事萬物都是固定的，那麼世界就會停滯不前、無從發展了。階級是固定的，但階層是變化的，所以值得每個人努力求上進。其實，人類當下最需要的是什麼？那就是反躬自省的能力。人只有隨時反省自己、調整自己、修正自己，才能迷途知返、回歸正道。如果人人都能如此，那麼科技的發展就會利多於弊，不再是反噬人類的洪水猛獸，而是為人類帶來幸福生活的有效工具。

老子告訴我們：禍兮，福之所倚；福兮，禍之所伏。科技對於人類是福是禍，取決於人類如何運用科技。在經濟快速發展的時期、在物質生活不斷提升的今天，曾教授為我們揭示了《道德經》的奧祕，而這當中最重要的啟示是什麼呢？

現在的人，太重視「有」了：一定要有能力，一定要有辦法，一定要有魄力，一定要有表現，一定要有作為，一定要有財力，一定要有人認同……無時無刻都在追求「有」，可是我們忘記了，人力是很有限的。而事實的真相是：我們的作為，別人是不重視的；所有的事情，都是做不完的；大半生積聚的財富，很可能會在一夕之間化為烏有。俗話說：「抓了一隻老鼠，跑掉了一隻羊」，為了抓老鼠，而損失了一頭羊，代價未免太大了！就像我們在拚命追求「有」的同時，往往忘卻、丟失了那些看不見、摸不著，卻是至關緊要的「無」、根本所在的「道」。

現在，人類已經開始反省：工業革命好嗎？當然有它的好處，但是壞處太多了；商業掛帥好嗎？當然也有它的好處，但卻讓大家滿腦子都是錢，除此之外漠不關心，窮到只剩下錢，人淪為錢的奴隸。現代人動不動就說，政治經濟要分離，但是能做到嗎？現代人什麼都要量化，那吃飯可以量化嗎？提倡標準化，但標準又是誰訂的？我們講了半天，只要冷靜下來思考，就知道統統經不起考驗，這些都只是拿來騙別人、騙自己，騙得大家團團轉的謊言。

《易經》求同存異的思想，應該是21世紀全球化最有效的途徑。而老子和孔子，則是分別從不同的角度來詮釋《易經》的道理，兩位聖人的思想深具啟發性，對炎黃子孫而言都非常重要。未來，如果我們能將儒、道、釋的思想三者合一，必然能使中華文化更加輝煌燦爛，綻放出更鮮豔美麗的花朵。

《道德經》第八十一章說：「天之道，利而不害；聖人之道，為而不爭」，這對現代人具有極重要的意義。自然的規律稱為「天之道」，可是後來有人把「天之道」的「之」字，寫成了「知道」的「知」，變成「天知道」，然後眾人就把這句話掛在嘴邊，成為今日你我常用的口頭禪。「天之道」，代表自然的規律，它是利萬物而無害的；而「聖人之道」，則代表人間的道理，凡事要多力行、少爭取。

且讓我們共同遵守「天之道」、「聖人之道」，除了身體力行之外，也要推而廣之，讓更多人一同加入明道、修道、行道的行列，相信這會對地球村的發展，產生積極、正面、有價值的影響力，而這便是中華民族對全體人類所做出的最偉大貢獻。

附錄

道德經全文

【第一章】

道可道，非常道；名可名，非常名。無，名天地之始；有，名萬物之母。故常無欲以觀其妙，常有欲以觀其徼。此兩者同出而異名，同謂之玄。玄之又玄，眾妙之門。

【第二章】

天下皆知美之為美，斯惡已。皆知善之為善，斯不善已。故有無相生，難易相成，長短相形，高下相傾，音聲相和，前後相隨。是以聖人處無為之事，行不言之教，萬物作焉而不辭。生而不有，為而不恃，功成而弗居。夫唯弗居，是以不去。

【第三章】

不尚賢，使民不爭；不貴難得之貨，使民不為盜；不見可欲，使民心不亂。是以聖人之治，虛其心、實其腹、弱其志、強其骨。常使民無知無欲，使夫智者不敢為也。為無為，則無不治。

【第四章】

道沖，而用之或不盈。淵兮似萬物之宗；挫其銳，解其紛，和其光，同其塵，湛兮似或存。吾不知誰之子，象帝之先。

【第五章】

天地不仁，以萬物為芻狗；聖人不仁，以百姓為芻狗。天地之間，其猶橐籥乎！虛而不屈、動而愈出，多言數窮，不如守中。

【第六章】

谷神不死，是謂玄牝。玄牝之門，是謂天地根。緜緜若存，用之不勤。

【第七章】

天長地久。天地所以能長且久者，以其不自生，故能長生。是以聖人後其身而身先，外其身而身存。非以其無私邪！故能成其私。

【第八章】

上善若水。水善利萬物而不爭，處眾人之所惡，故幾於道。居善地、心善淵、與善仁、言善信、正善治、事善能、動善時。夫唯不爭，故無尤。

【第九章】

持而盈之，不如其已；揣而銳之，不可長保；金玉滿堂，莫之能守；富貴而驕，自遺其咎。功成身退，天之道。

【第十章】

載營魄抱一，能無離乎？專氣致柔，能嬰兒乎？滌除玄覽，能無疵乎？愛國治民，能無為乎？天門開闔，能為雌乎？明白四達，能無知乎？

【第十一章】

三十輻，共一轂，當其無，有車之用。埏埴以為器，當其無，有器之用。鑿戶牖以為室，當其無，有室之用。故有之以為利，無之以為用。

【第十二章】

五色令人目盲；五音令人耳聾；五味令人口爽；馳騁畋獵，令人心發狂；難得之貨，令人行妨。是以聖人為腹不為目，故去彼取此。

【第十三章】

寵辱若驚，貴大患若身。何謂寵辱若驚？寵為上、辱為下，得之若驚，失之若驚，是謂寵辱若驚。何謂貴大患若身？吾所以有大患者，為吾有身，及吾無身，吾有何患？故貴以身為天下，若可寄天下；愛以身為天下，若可托天下。

【第十四章】

視之不見名曰夷，聽之不聞名曰希，摶之不得名曰微。此三者不可致詰，故混而為一。其上不皦，其下不昧，繩繩不可名，復歸於無物。是謂無狀之狀，無物之象，是謂惚恍。迎之不見其首，隨之不見其後。執古之道，以御今之有。能知古始，是謂道紀。

【第十五章】

古之善為道者，微妙玄通，深不可識。夫唯不可識，故強為之容。豫兮若冬涉川，猶兮若畏四鄰，儼兮其若客，渙兮若冰之將釋，敦兮其若樸，曠兮其若谷，渾兮其若濁。孰能濁以靜之徐清？孰能安以動之徐生？保此道者不欲盈，夫唯不盈，故能蔽而新成。

【第十六章】

致虛極，守靜篤。萬物並作，吾以觀復。夫物芸芸，各復歸其根。歸根曰靜，是謂復命。復命曰常。知常曰明，不知常，妄作凶。知常容，容乃公，公乃全，全乃天，天乃道，道乃久，沒身不殆。

【第十七章】

太上，不知有之；其次，親而譽之；其次，畏之；其次，侮之。信不足焉，有不信焉。悠兮其貴言。功成、事遂，百姓皆謂：我自然。

【第十八章】

大道廢，有仁義；智慧出，有大偽；六親不和有孝慈，國家昏亂有忠臣。

【第十九章】

絕聖棄智，民利百倍；絕仁棄義，民復孝慈；絕巧棄利，盜賊無有。此三者以為文不足，故令有所屬。見素抱樸，少私寡欲。

【第二十章】

絕學無憂，唯之與阿，相去幾何？善之與惡，相去若何？人之所畏，不可不畏。荒兮其未央哉！眾人熙熙，如享太牢，如春登臺。我獨泊兮其未兆，如嬰兒之未孩。儽儽兮若無所歸！眾人皆有餘，而我獨若遺。我愚人之心也哉，沌沌兮！俗人昭昭，我獨昏昏。俗人察察，我獨悶悶。澹兮其若海，飂兮若無止。眾人皆有以，而我獨頑且鄙。我獨異於人，而貴食母。

【第二十一章】

孔德之容，惟道是從。道之為物，惟恍惟惚。惚兮恍兮，其中有象；恍兮惚兮，其中有物。窈兮冥兮，其中有精。其精甚真，其中有信。自古及今，其名不去，以閱眾甫。吾何以知眾甫之狀哉？以此。

【第二十二章】

曲則全，枉則直，窪則盈，敝則新，少則得，多則惑。是以聖人抱一為天下式。不自見，故明；不自是，故彰；不自伐，故有功；不自矜，故長。夫唯不爭，故天下莫能與之爭。古之所謂曲則全者，豈虛言哉？誠全而歸之。

【第二十三章】

希言自然。故飄風不終朝，驟雨不終日。孰為此者？天地。天地尚不能久，而況於人乎？故從事於道者，同於道；德者，同於德；失者，同於失。同於道者，道亦樂得之；同於德者，德亦樂得之；同於失者，失亦樂得之。信不足焉，有不信焉！

【第二十四章】

企者不立，跨者不行；自見者不明，自是者不彰；自伐者無功，自矜者不長。其於道也，曰：餘食贅形。物或惡之，故有道者不處。

【第二十五章】

有物混成，先天地生。寂兮寥兮，獨立而不改，周行而不殆，可以為天下母。吾不知其名，字之曰道，強為之名曰大。大曰逝，逝曰遠，遠曰反。故道大、天大、地大、人亦大。域中有四大，而人居其一焉！人法地，地法天，天法道，道法自然。

【第二十六章】

重為輕根，靜為躁君。是以聖人終日行不離輜重。雖有榮觀，燕處超然。奈何萬乘之主，而以身輕天下。輕則失根，躁則失君。

【第二十七章】

善行無轍迹，善言無瑕謫，善數不用籌策，善閉無關楗而不可開，善結無繩約而不可解。是以聖人常善救人，故無棄人；常善救物，故無棄物。是謂襲明。故善人者，不善人之師；不善人者，善人之資。不貴其師，不愛其資，雖智大迷，是謂要妙。

【第二十八章】

知其雄，守其雌，為天下谿。為天下谿，常德不離，復歸於嬰兒。知其白，守其黑，為天下式。為天下式，常德不忒，復歸於無極。知其榮，守其辱，為天下谷。為天下谷，常德乃足，復歸於樸。樸散則為器，聖人用之，則為官長。故大制不割。

【第二十九章】

將欲取天下而為之，吾見其不得已。天下神器，不可為也，不可執也。為者敗之，執者失之。故物或行或隨，或歔或吹，或強或羸，或載或隳。是以聖人去甚、去奢、去泰。

【第三十章】

以道佐人主者，不以兵強天下。其事好還。師之所處，荊棘生焉。大軍之後，必有凶年。善有果而已，不敢以取強。果而勿矜，果而勿伐，果而勿驕。果而不得已，果而勿強。物壯則老，是謂不道，不道早已。

【第三十一章】

夫佳兵者，不祥之器，物或惡之，故有道者不處。君子居則貴左，用兵則貴右。兵者不祥之器，非君子之器，不得已而用之，恬淡為上。勝而不美，而美之者，是樂殺人。夫樂殺人者，則不可得志於天下矣。吉事尚左，凶事尚右。偏將軍居左，上將軍居右。言以喪禮處之，殺人之眾，以悲哀泣之，戰勝以喪禮處之。

【第三十二章】

道常無名，樸，雖小，天下莫能臣也。侯王若能守之，萬物將自賓。天地相合，以降甘露，民莫之令而自均。始制有名，名亦既有，夫亦將知止。知止，可以不殆。譬道之在天下，猶川谷之與江海。

【第三十三章】

知人者智，自知者明；勝人者有力，自勝者強；知足者富，強行者有志；不失其所者久，死而不亡者壽。

【第三十四章】

大道氾兮，其可左右。萬物恃之而生而不辭，功成而不有，衣養萬物而不為主。常無欲，可名於小；萬物歸焉而不為主，可名為大。以其終不自為大，故能成其大！

【第三十五章】

執大象，天下往。往而不害，安平太。樂與餌，過客止。道之出言，淡乎其無味。視之不足見，聽之不足聞，用之不足既。

【第三十六章】

將欲歙之，必固張之；將欲弱之，必固強之；將欲廢之，必固舉之；將欲奪之，必固與之。是謂微明。柔弱勝剛強。魚不可脫於淵，國之利器，不可以示人。

【第三十七章】

道常無為而無不為，侯王若能守之，萬物將自化。化而欲作，吾將鎮之以無名之樸。夫亦將無欲。不欲以靜，天下將自定。

【第三十八章】

上德不德，是以有德；下德不失德，是以無德。上德，無為而無以為；下德，無為而有以為。上仁，為之而無以為；上義，為之而有以為。上禮，為之而莫之應，則攘臂而扔之。故失道而後德，失德而後仁，失仁而後義，失義而後禮。夫禮者，忠信之薄，而亂之首。前識者，道之華，而愚之始。是以大丈夫處其厚，不居其薄；處其實，不居其華，故去彼取此。

【第三十九章】

昔之得一者：天得一以清。地得一以寧，神得一以靈，谷得一以盈，萬物得一以生，侯王得一以為天下貞。其致之。天無以清將恐裂，地無以寧將恐廢，神無以靈將恐歇，谷無以盈將恐竭，萬物無以生將恐滅，侯王無以貴高將恐蹶。故貴以賤為本，高以下為基，是以侯王自謂孤、寡、不穀，此非以賤為本邪？非乎？故至譽無譽，不欲琭琭如玉，珞珞如石。

【第四十章】

反者道之動，弱者道之用。天下萬物生於有，有生於無。

【第四十一章】

上士聞道，勤而行之；中士聞道，若存若亡；下士聞道，大笑之，不笑不足以為道。故建言有之，明道若昧，進道若退，夷道若纇，上德若谷，大白若辱，廣德若不足，建德若偷，質真若窬，大方無隅，大器晚成，大音希聲，大象無形，道隱無名，夫唯道善貸且成。

【第四十二章】

道生一，一生二，二生三，三生萬物。萬物負陰而抱陽，沖氣以為和。人之所惡，唯孤、寡、不穀，而王公以為稱。故物或損之而益，或益之而損。人之所教，我亦教之，強梁者不得其死，吾將以為教父。

【第四十三章】

天下之至柔，馳騁天下之至堅。無有入無間，吾是以知無為之有益。不言之教，無為之益，天下希及之。

【第四十四章】

名與身孰親？身與貨孰多？得與亡孰病？是故甚愛必大費，多藏必厚亡。知足不辱，知止不殆，可以長久！

【第四十五章】

大成若缺，其用不弊；大盈若沖，其用不窮；大直若屈，大巧若拙，大辯若訥。靜勝躁，寒勝熱，清靜為天下正。

【第四十六章】

天下有道，卻走馬以糞；天下無道，戎馬生於郊。禍莫大於不知足，咎莫大於欲得。故知足之足，常足矣。

【第四十七章】

不出戶，知天下；不窺牖，見天道。其出彌遠，其知彌少。是以聖人不行而知，不見而明，不為而成。

【第四十八章】

為學日益，為道日損，損之又損，以至於無為。無為而無不為。取天下常以無事，及其有事，不足以取天下。

【第四十九章】

聖人無常心，以百姓心為心。善者吾善之，不善者吾亦善之，德善。信者吾信之，不信者吾亦信之，德信。聖人在天下，歙歙焉，為天下渾其心。百姓皆注其耳目，聖人皆孩之。

【第五十章】

出生入死。生之徒，十有三；死之徒，十有三；人之生，動之死地，亦十有三。夫何故？以其生生之厚。蓋聞善攝生者，陸行不遇兕虎，入軍不被甲兵。兕無所投其角，虎無所措其爪，兵無所容其刃，夫何故？以其無死地。

【第五十一章】

道生之，德畜之，物形之，勢成之。是以萬物莫不尊道而貴德。道之尊，德之貴，夫莫之命而常自然。故道生之，德畜之，長之育之，亭之毒之，養之覆之。生而不有，為而不恃，長而不宰，是謂玄德。

【第五十二章】

天下有始，以為天下母。既得其母，以知其子；既知其子，復守其母，沒身不殆。塞其兌，閉其門，終身不勤。開其兌，濟其事，終身不救。見小曰明，守柔曰強。用其光，復歸其明，無遺身殃，是為習常。

【第五十三章】

使我介然有知，行於大道，惟施是畏。大道甚夷，而民好徑。朝甚除，田甚蕪，倉甚虛；服文綵，帶利劍，厭飲食，財貨有餘，是謂盜夸，非道也哉！

【第五十四章】

善建者不拔，善抱者不脫，子孫以祭祀不輟。修之於身，其德乃真；修之於家，其德乃餘；修之於鄉，其德乃長；修之於邦，其德乃豐；修之於天下，其德乃普。故以身觀身，以家觀家，以鄉觀鄉，以邦觀邦，以天下觀天下。吾何以知天下然哉？以此。

【第五十五章】

含德之厚，比於赤子。毒蟲不螫，猛獸不據，攫鳥不搏。骨弱筋柔而握固，未知牝牡之合而朘作，精之至也。終日號而不嗄，和之至也。知和曰常，知常曰明，益生曰祥，心使氣曰強。物壯則老，謂之不道，不道早已。

【第五十六章】

知者不言，言者不知。塞其兌，閉其門，挫其銳，解其紛，和其光，同其塵。是謂玄同。故不可得而親，不可得而疏，不可得而利，不可得而害，不可得而貴，不可得而賤，故為天下貴。

【第五十七章】

以正治國，以奇用兵，以無事取天下。吾何以知其然哉？以此。天下多忌諱，而民彌貧；朝多利器，國家滋昏；人多伎巧，奇物滋起；法令滋彰，盜賊多有。故聖人云：我無為而民自化，我好靜而民自正，我無事而民自富，我無欲而民自樸。

【第五十八章】

其政悶悶，其民淳淳；其政察察，其民缺缺。禍兮福之所倚，福兮禍之所伏。孰知其極，其無正。正復為奇，善復為妖。人之迷，其日固久。是以聖人方而不割，廉而不劌，直而不肆，光而不燿。

【第五十九章】

治人事天莫若嗇，夫唯嗇是謂早服。早服謂之重積德，重積德則無不克，無不克則莫知其極，莫知其極可以有國，有國之母可以長久，是謂深根固柢，長生久視之道。

【第六十章】

治大國，若烹小鮮。以道莅天下，其鬼不神；非其鬼不神，其神不傷人；非其神不傷人，聖人亦不傷人。夫兩不相傷，故德交歸焉。

【第六十一章】

大國者下流，天下之交。天下之牝，牝常以靜勝牡，以靜為下。故大國以下小國，則取小國；小國以下大國，則取大國。故或下以取，或下而取。大國不過欲兼畜人，小國不過欲入事人。夫兩者各得所欲，大者宜為下。

【第六十二章】

道者，萬物之奧。善人之寶，不善人之所保。美言可以市尊，美行可以加人。人之不善，何棄之有？故立天子，置三公，雖有拱璧，以先駟馬，不如坐進此道。古之所以貴此道者何？不曰：求以得，有罪以免邪？故為天下貴。

【第六十三章】

為無為，事無事，味無味。大小多少，報怨以德。圖難於其易，為大於其細。天下難事，必作於易。天下大事，必作於細。是以聖人終不為大，故能成其大。夫輕諾必寡信，多易必多難。

是以聖人猶難之，故終無難矣！

【第六十四章】

其安易持，其未兆易謀。其脆易泮，其微易散。為之於未有，治之於未亂。合抱之木，生於毫末；九層之臺，起於累土；千里之行，始於足下。為者敗之，執者失之。是以聖人無為故無敗，無執故無失。民之從事，常於幾成而敗之。慎終如始，則無敗事。是以聖人欲不欲，不貴難得之貨；學不學，復眾人之所過，以輔萬物之自然而不敢為。

【第六十五章】

古之善為道者，非以明民，將以愚之。民之難治，以其智多，故以智治國，國之賊！不以智治國，國之福。知此兩者，亦稽式；常知稽式，是謂玄德。玄德深矣遠矣！與物反矣，然後乃至大順。

【第六十六章】

江海所以能為百谷王者，以其善下之，故能為百谷王。是以聖人欲上民，必以言下之；欲先民，必以身後之。是以聖人處上而民不重，處前而民不害。是以天下樂推而不厭，以其不爭，故天下莫能與之爭。

【第六十七章】

天下皆謂我道大，似不肖。夫唯大，故似不肖；若肖，久矣其細也夫。我有三寶，持而保之，一曰慈、二曰儉、三曰不敢為天下先。慈故能勇，儉故能廣，不敢為天下先，故能成器長。今舍慈且勇，舍儉且廣，舍後且先，死矣！夫慈，以戰則勝，以守則固。天將救之，以慈衛之。

【第六十八章】

善為士者，不武；善戰者，不怒；善勝敵者，不與；善用人者，為之下。是謂不爭之德，是謂用人之力，是謂配天之極。

【第六十九章】

用兵有言：「吾不敢為主，而為客；不敢進寸，而退尺。」是謂行無行，攘無臂，執無兵，扔無敵。禍莫大於輕敵，輕敵幾喪吾寶。故抗兵相加，哀者勝矣。

【第七十章】

吾言甚易知、甚易行。天下莫能知、莫能行。言有宗，事有君。夫唯無知，是以不我知。知我者希，則我者貴。是以聖人被褐懷玉。

【第七十一章】

知不知，上；不知知，病。夫唯病病，是以不病。聖人不病，以其病病，是以不病。

【第七十二章】

民不畏威，則大威至。無狎其所居，無厭其所生。夫唯不厭，是以不厭，是以聖人自知不自見，自愛不自貴，故去彼取此。

【第七十三章】

勇於敢則殺，勇於不敢則活。此兩者或利或害。天之所惡，孰知其故？天之道，不爭而善勝，不言而善應，不召而自來，繟然而善謀，天網恢恢，疏而不失。

【第七十四章】

民不畏死，奈何以死懼之。若使民常畏死，而為奇者，吾得執而殺之，孰敢！常有司殺者殺。夫代司殺者殺，是謂代大匠斲。夫代大匠斲者，希有不傷其手矣！

【第七十五章】

民之饑，以其上食稅之多，是以饑。民之難治，以其上之有為，是以難治。民之輕死，以其上求生之厚，是以輕死。夫唯無以生為者，是賢於貴生。

【第七十六章】

人之生也柔弱，其死也堅強。草木之生也柔脆，其死也枯槁。故堅強者死之徒，柔弱者生之徒。是以兵強則不勝，木強則兵。強大處下，柔弱處上。

【第七十七章】

天之道，其猶張弓與！高者抑之，下者舉之，有餘者損之，不足者補之。天之道，損有餘而補不足。人之道則不然，損不足以奉有餘。孰能有餘以奉天下？唯有道者。是以聖人為而不恃，功成而不處，其不欲見賢。

【第七十八章】

天下莫柔弱於水，而攻堅強者莫之能勝。以其無以易之。弱之勝強，柔之勝剛，天下莫不知、莫能行。是以聖人云：「受國之垢，是謂社稷主；受國不祥，是謂天下王。」正言若反。

【第七十九章】

和大怨，必有餘怨，安可以為善？是以聖人執左契，而不責於人。有德司契，無德司徹。

天道無親，常與善人。

【第八十章】

小國寡民，使有什伯之器而不用，使民重死而不遠徙，雖有舟輿，無所乘之；雖有甲兵，無所陳之。使民復結繩而用之。甘其食、美其服、安其居、樂其俗，鄰國相望，雞犬之聲相聞，民至老死不相往來。

【第八十一章】

信言不美，美言不信；善者不辯，辯者不善；知者不博，博者不知；聖人不積，既以為人己愈有，既以與人己愈多。天之道，利而不害；聖人之道，為而不爭。

國家圖書館出版品預行編目資料

道德經的奧祕／曾仕強著；陳祈廷編著
-- 再版. -- 臺北市：曾仕強文化, 2014.05
面；公分
ISBN 978-986-89499-3-5（平裝）

1.道德經　2.研究考訂

121.317　　103007568

書　　名　道德經的奧祕
作　　者　曾仕強
發 行 人　廖秀玲
編　　著　陳祈廷
總 編 輯　陳祈廷
行銷企劃　邱俊清
主　　編　林雅慧
編　　輯　李秉翰
出 版 者　曾仕強文化事業有限公司
地　　址　台北市重慶南路一段57號8樓之14
服務專線　+886-2-2361-1379　+886-2-2312-0050
服務傳真　+886-2-2375-2763
出版日期　2014年5月再版
I S B N　978-986-89499-3-5
定　　價　新台幣500元

道德經的奧祕

道德經的奧祕

一日
易經
道德經
班
6 小時
師父領進門教你
如何讀懂《易經》／《道德經》
向古聖先賢請益，
學會知機應變、與時俱進；
物我兩忘、
生死合一的上乘智慧！
每月均有
新班開課
曾仕強文化
電話：02-23611379
02-23120050
傳真：02-23752763

解讀易經的奧祕

曾仕強教授《易經》課程教材

本系列叢書為大陸熱銷超過500萬本、台灣各大書局暢銷排行榜第一名《易經的奧祕》同系列作品，文字淺白有趣、大量圖解說明，帶您輕鬆進入易學的領域。感受到：原來《易經》真的很容易！

「解讀易經的奧祕套書」全系列共18冊

卷1 易經真的很容易	卷7 生無憂而死無懼	卷13 易經的占卜功能
卷2 易經的乾坤大門	卷8 通就是宇宙真理	卷14 因果使社會安和
卷3 人人都不了了之	卷9 解開宇宙的密碼	卷15 易經與河圖洛書
卷4 易經的中道思維	卷10 還自然一個公道	卷16 誠意溝通天地人
卷5 轉化干戈為玉帛	卷11 易經由象數推理	卷17 出類拔萃多靈氣
卷6 人生最難得有情	卷12 道德是最佳信仰	卷18 革故鼎新好創意

影響華人世界
最重要的推手
曾仕強
教授
解讀易經的奧祕
解讀易經的奧祕
書籍洽詢專線
02-23611379、02-23120050
曾仕強文化
台灣國寶級大師曾仕強教授以獨步全球的易學解析觀點，幫助讀者輕鬆掌握《易經》簡易、變易、不易的原則，積極管理變化萬千的人生。

「曾仕強文化」獨家設計
開創的經典課程

精選課程系列

《易經》其大無外，其小無內；廣大精微，無所不包，64卦384爻4096種變化，是解開宇宙人生的終極密碼。能打造出一個內建《易經》智慧的大腦，等於是和宇宙能量接軌，取之不盡，用之不竭，絕對是您今生最睿智的投資。

古人有言：富不學，富不長；窮不學，窮不盡。人不能不學習，既然要學，就要學最上乘的智慧，才不會浪費時間。曾仕強文化擁有最優秀的黃金師資陣容，課程深入淺出，一點就通。誠摯邀請您即刻啟動學習，一同進入「易想天開」的人生新境界！

決策易

《易經》一卦六爻，代表事情發展、變化的六個階段，可做為決策時的良好參考。不讀《易經》，難以培養抉擇力，這部千古奇書可謂「中國式決策學」的帝王經典。

生活易

《易經》帶給我們的不只是理論，更是一種思考方式的訓練。「生活易」教你如何輕鬆汲取易理智慧，開發多元思考方式，發揮創意解決問題，讓生活過得更簡易更有樂趣。

奇門易

奇門易在於瞭解事情的癥結點，進而佈局調理、擇時辨方。占卜及《易經》，能提供決策時的最佳參考指南；而「奇門易」，能告訴你做這個決策最有利的時機及方位，具有相輔相成的效果。

乾坤易

《易經・繫辭傳》說：「乾知大始，坤作成物。」告訴我們：「乾」代表開創的功能。腦袋裡有想法，對事情有看法，這是一件事情的開始；「坤」代表執行的功能。經過實踐的過程，把一件事情落實，而且看到了具體的結果。

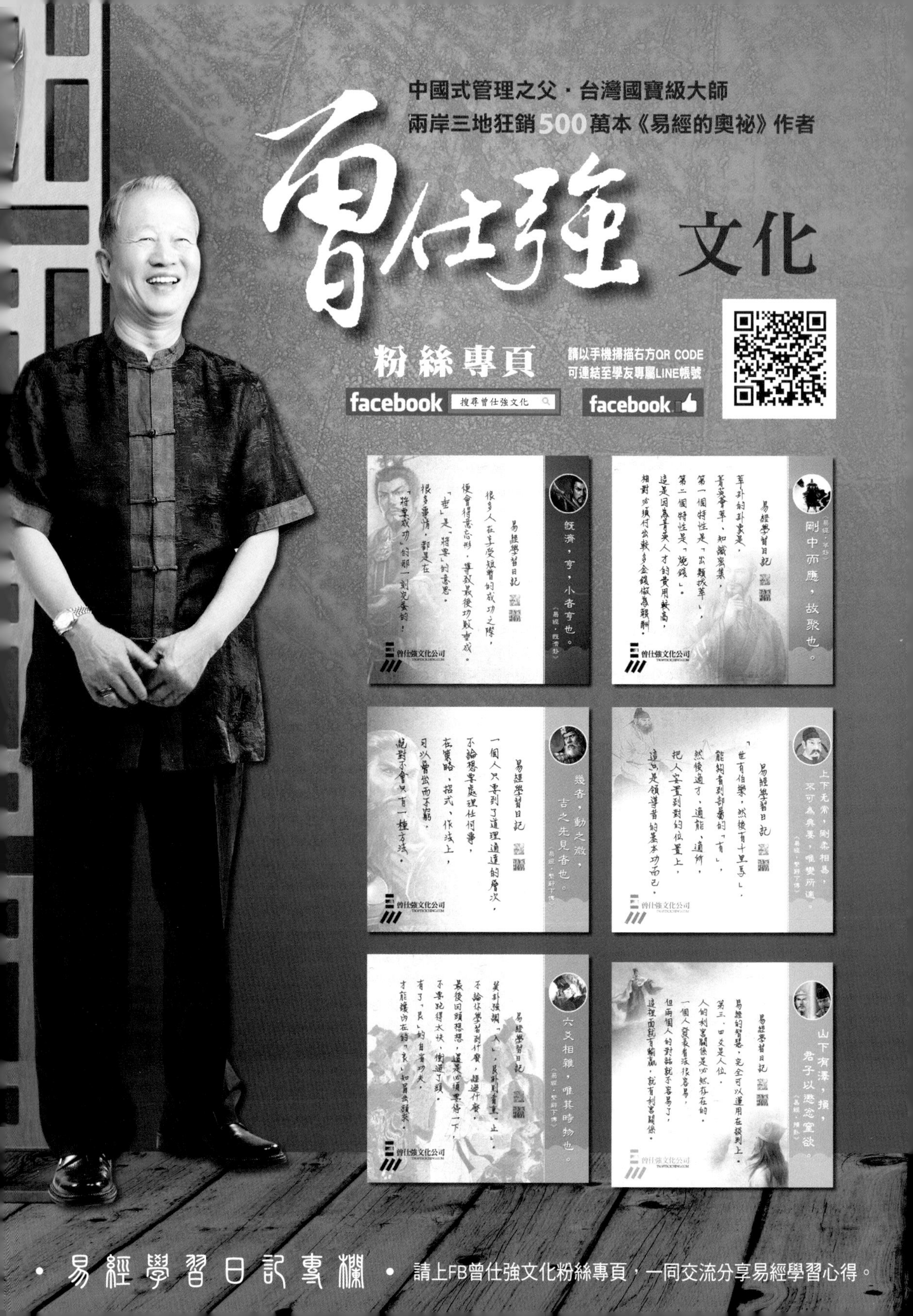

中國式管理之父・台灣國寶級大師
兩岸三地狂銷500萬本《易經的奧祕》作者
曾仕強 文化
粉絲專頁
facebook 搜尋曾仕強文化
請以手機掃描右方QR CODE
可連結至學友專屬LINE帳號
facebook
易經學習日記
既濟，亨，小者亨也。
剛中而應，故聚也。
幾者，動之微，吉之先見者也。
上下无常，剛柔相易，不可為典要，唯變所適。
六爻相雜，唯其時物也。
山下有澤，損，君子以懲忿窒欲。
曾仕強文化公司
・易經學習日記專欄・ 請上FB曾仕強文化粉絲專頁，一同交流分享易經學習心得。